# LA FORMATION DU LIEN SEXUEL

PSYCHOLOGIE ET SCIENCES HUMAINES

FRANÇOIS DUYCKAERTS

*Professeur à l'Université de Liège*

# la formation du lien sexuel

*Huitième édition*

CHARLES DESSART, ÉDITEUR

**2, GALERIE DES PRINCES, BRUXELLES**

D-1974-0024-3

# AVANT-PROPOS

Pendant longtemps, on n'a vu aucun problème dans le comportement sexuel. Tout, croyait-on, était dit quand on l'avait présenté comme la manifestation d'un instinct monolithique, celui de la propagation de l'espèce. Mais ensuite est arrivé le moment de l'observation et de l'analyse. Très vite, devant le nombre de facteurs et la complexité de leurs interactions, on a dû abandonner les explications sommaires. A présent on s'en rend compte, c'est seulement quand elle est observée de loin et de haut que la sexualité normale paraît simple. De près, au microscope de l'analyse, et surtout à travers le grossissement des phénomènes pathologiques, elle montre ce qu'elle est en vérité : une chaîne de réactions multiples, variées et complexes, qui prennent du temps et ne réussissent pas à coup sûr.

De la première excitation érotique à la possession finale d'un ou d'une partenaire, l'itinéraire est compliqué. La plupart de ses étapes nous sont maintenant bien connues, mais sans qu'elles soient reliées entre elles par un fil conducteur. Une synthèse doit être tentée aujourd'hui, analogue à celle que réussirent autrefois, avec des données et des expériences ascétiques et mystiques éparses, les auteurs de doctrine spirituelle, préoccupés de suivre la montée de l'âme vers Dieu. La comparaison est scandaleuse pour ceux qui voient la sexualité d'un mauvais œil, comme pour ceux qui sont aveugles au jeu d'un Éros sublime dans l'expérience ascétique et mystique. Elle est légitime et riche d'enseignements si on considère l'unité de l'être humain. Les ouvrages de mystique sont incompréhensibles à qui ignore le langage de la sexualité et de l'amour. Réciproquement, décrire les étapes par lesquelles ces deux êtres éloignés, l'homme et la femme, sortent de leur solitude perverse et narcissique, se rapprochent et aboutissent à une possession réciproque, n'est pas une tâche frivole ni obscène. Elle dépasse même le simple intérêt psychologique. La vie sexuelle des êtres humains n'est-elle pas une image primordiale, une espèce de prototype fondamental, ein *Vorbild*, disent les psychologues allemands, où se reflètent comme par anticipation les grandes attitudes sociales, morales et religieuses de l'humanité ? Considérant les choses sous cet angle, j'estime que l'analyse minutieuse des étapes qui marquent l'accession à une vie sexuelle heureuse servira non seulement à ceux qui connaissent des moments difficiles en ce domaine, mais encore à tous ceux qui cherchent à mieux comprendre des problèmes humains plus vastes, comme ceux de la violence et de la raison, de la guerre et de la paix, du péché et de la grâce.

L'être que j'ai choisi comme point de départ de mon analyse de la sexualité humaine, ne sera pas l'enfant mais l'adulte. Dans la plupart des ouvrages de sexologie, l'auteur part de la naissance, parcourt ensuite les phases les plus importantes de la croissance (petite enfance, enfance scolaire, puberté, adolescence, jeunesse et maturité) et montre la contribution successive de chacune d'elles à l'établissement d'une sexualité harmonieuse et complète, terme d'aboutissement de l'évolution. C'est une perspective chronologique dont les points de repère sont : l'âge civil, l'entrée à l'école ou dans la profession, le mariage, bref des éléments sociaux qu'on met en corrélation avec des données biologiques et psychiques. C'est elle qui nous a donné les distinctions bien connues entre les sexualités *infantile*, *pubère* et *adulte*, et dans la sexualité infantile, entre les phases *orale*, *anale*, *phallique* et *génitale*. Or, dans les pages qui vont suivre, j'ai tenté de me détacher de cette méthode,

assurément légitime et féconde, mais trop hybride
à mon gré, parce qu'elle mêle souvent des données
naturelles et civiles, des faits de biologie, de psychologie
et d'organisation sociale. J'ai eu le souci de me
cantonner sur le terrain psychologique.

C'est pourquoi, sans négliger pour autant les
données de la psychologie génétique, je suis parti
de la considération d'un être humain, homme ou
femme, arrivé à la maturité biologique, et dont, en
particulier, le système génital (anatomie des organes,
circuits nerveux, glandes hormonales) est au point.
Nous savons par expérience courante que, même chez
cet être-là, le trajet qui sépare une stimulation érotique
donnée de la consommation de l'acte hétérosexuel
est marqué d'une suite impressionnante d'événements
psychologiques qui prennent plus ou moins de temps
à se succéder : quelques instants ou des années. Même
dans les conditions les plus favorables, dans une vie
conjugale heureuse par exemple, ce trajet existe, les
événements psychiques intermédiaires s'y produisent,
mais à un rythme très accéléré, comme dans ces
machines électroniques où la lumière se transmet
d'un voyant à l'autre à une très vive allure. D'autres
fois, ainsi chez des jeunes non encore engagés dans
le lien matrimonial, le trajet psychologique est plus
long, s'étendant parfois sur des mois ou sur des
années. Dans les cas les plus malheureux, l'arrêt
à une des stations du trajet est si long qu'il devient
blocage, et que le terme final ne sera pas atteint.

Mon étude ne tiendra compte qu'incidemment de la longueur de temps du trajet, et se concentrera sur chacun des circuits partiels qui se situent entre un premier émoi sexuel et une consommation de l'acte qui soit complète.

Mais que signifie une consommation complète? Je prends comme une donnée de fait qu'il existe des couples humains qui trouvent dans la consommation de l'acte sexuel une détente qui a sa perfection en elle-même, du fait qu'elle supprime pour un instant et dans un plaisir extrême la distinction des corps et des esprits. C'est un fait objectif, si même pour le comprendre il faut faire appel à des éléments d'expérience personnelle. Une grande œuvre littéraire est aussi un fait objectif, et pourtant, elle est inaccessible à un animal ou à un philistin. Il ne serait pas antiscientifique d'analyser tous les processus par lesquels l'écrivain est passé — inspirations, rêveries, colères, espoirs, déceptions, correction de brouillons et d'épreuves, — avant d'aboutir à l'œuvre achevée et parfaite. On ne verse pas davantage dans le subjectivisme en considérant qu'entre deux êtres humains de sexe différent il existe la possibilité d'un orgasme spécifiquement humain, en dehors duquel le reste n'est que perversion, préparation ou caricature.

Ce livre doit être, paraît-il, de vulgarisation. En me le demandant, on s'est empressé d'ajouter : de haute vulgarisation. Quant à moi, je préfère exclure le mot. Il désigne toujours une opération peu honorable, comme s'il fallait offrir à un peuple grossier, en termes « vulgaires », les conquêtes de la science. N'est-ce pas celle-ci qui est une ouvrière laborieuse, terre à terre, extrayant péniblement de la réalité des matériaux qu'elle n'a pas le temps de polir, encore moins de présenter dans un emballage attrayant et digne du contenu ? La science est travailleuse. C'est déjà un grand mérite. Et c'est lui rendre justice que de prendre ses découvertes au sérieux et, quand il est possible de le faire, d'en exposer à chacun le contenu et la valeur. Plutôt que de vulgarisation, cet ouvrage voudrait accomplir une tâche d'ennoblissement. Il cherchera à exprimer dans un langage aussi peu technique que possible, c'est-à-dire dans le grand et beau langage de tous les jours, ce que la psychologie contemporaine a compris, par des sondages laborieux, des profondeurs de la vie sexuelle. La science, tout au moins psychologique, il n'est pas question de la « vulgariser », mais de l'élever à la noblesse qui lui revient, de lui rendre le visage humain qu'elle cache, moins par modestie que par nécessité, derrière son masque d'ouvrière souillée.

Bien que ce livre doive le meilleur de lui-même aux pionniers de la psychologie sexuelle, Havelock Ellis, Freud, Jung, Steckel, Schwarz, Hesnard, Lagache et bien d'autres, j'ai évité autant que possible d'alourdir le texte par l'appareil habituel des références.

Les idées de ces auteurs sont assez connues pour qu'on n'y revienne pas à chaque fois. D'autre part, la dette de reconnaissance envers ces hardis chercheurs (qui doit être celle de tout honnête homme heureux de voir reculer les frontières de l'inconnu), il serait indigne d'eux de considérer qu'on s'en acquitte convenablement en citant, en note et isolément, quelques-uns de leurs textes. Le lecteur constatera que chaque ligne de cet ouvrage est influencée et inspirée par leurs découvertes. Si la synthèse que j'ose proposer a quelque mérite, elle le devra à ces illustres devanciers. Ce n'est pas une ou deux idées que je leur ai prises, c'est tout leur esprit.

Enfin je dois à l'amabilité et à la compétence de deux excellents collègues de l'Université de Liège, MM. *Albert Husquinet* et *Marc Richelle*, d'avoir pu éliminer de mon texte un certain nombre d'incorrections, d'imprécisions et même d'erreurs. Je souhaite obtenir de tous mes lecteurs un peu de la bienveillance et de l'esprit critique que je dois à leur précieuse amitié.

# CHAPITRE PREMIER

# EXCITATION ET INHIBITION

Au moment d'entamer l'étude psychologique de la relation sexuelle, je dois préciser une exigence méthodologique à laquelle je n'ai pas voulu me soustraire : pour rendre compte des émois et du comportement sexuels, j'ai tenu à me limiter à ceux des facteurs explicatifs qui relèvent du psychisme. Non pas que je méconnaisse, bien au contraire, l'importance primordiale de la conformation des organes de la reproduction, de l'équilibre ou du déséquilibre des sécrétions hormonales, de l'intrication des processus nerveux et glandulaires. Mais, dans ce domaine de la sexualité plus qu'ailleurs, il faut se garder de toute confusion de points de vue. Dans aucun autre secteur de la science, le danger n'est aussi grand d'une interférence des attitudes secrètes, des préjugés et des rêves avec la connaissance objective. Les problèmes sexuels concrets ne cessant de nous réclamer tous les jours leur solution, il nous est difficile de ne pas prendre parti quand nous en faisons des objets d'étude. Ainsi le physiologiste mêlera souvent à sa recherche propre des considérations psychologiques ou morales qui dans leur caractère élémentaire ne seront que le reflet de son attitude, le plus souvent inconsciente, envers la sexualité. Inversement, quand le psychologue est embarrassé dans son étude et tombe sur des mystères psychiques que sa recherche actuelle ne parvient pas à éclaircir, il sera tenté de recourir à des explications physiologiques simplistes, qui lui feront illusion et grâce auxquelles il croira combler les lacunes de son savoir psychologique et échapper à un état d'incertitude peu supportable en cette matière délicate.

Il ne faut s'aventurer qu'avec prudence dans les domaines étrangers, en faisant plutôt confiance à ceux qui les étudient, et sans prétendre à la connaissance universelle. J'ai voulu, pour ma part, me couper toute échappatoire dans les sciences connexes, en particulier dans la physiologie sexuelle, et me limiter à une étude strictement psychologique. Il n'y a dans cette méthode aucun mépris pour les explications organiques, mais simplement la conscience de mes limites et un souci de rigueur.

Mais pour avoir le droit et la possibilité de mettre entre parenthèses tous les éléments organiques de la sexualité humaine, une condition préalable s'impose,

celle de se donner, au départ, des conditions physiologiques normales et optimales, de prendre pour
terme de référence *un être humain à organisme adulte.*
Sans quoi, il serait difficile de distinguer le physiologique et le psychologique. Si vous considérez la
sexualité embryonnaire d'un enfant, garçon ou fille,
avant l'achèvement de la puberté, comment voulez-
vous ne pas tenir compte de l'immaturité des organes
et des systèmes nerveux et glandulaires ? Beaucoup
d'éléments psychologiques, telle la mauvaise compréhension des différences anatomiques, dépendent
alors très étroitement de l'inachèvement organique,
qui prive la perception des intéressés de ce substrat
d'expérience concrète sur lequel ils devraient pouvoir
s'appuyer pour avoir une compréhension objective
de la partie sexuelle de leur organisme. Nous savons
que le décalage chronologique, propre aux humains,
entre le développement sexuel et intellectuel est de
toute première importance, mais tant que ce décalage
subsiste, il est difficile, pour ne pas dire impossible,
de détecter tous les aspects psychologiques de la
relation sexuelle. La totalité de ceux-ci n'apparaît
clairement qu'à partir du jour où le rapport sexuel
est devenu possible du côté physiologique. Sans doute,
beaucoup des caractères psychiques de la sexualité
adulte devront s'expliquer par l'ancien décalage de la
période prépubertaire. Il n'en reste pas moins vrai
qu'avant d'étudier les origines de la sexualité, il faut
d'abord en connaître le visage adulte. Or, une fois

données toutes les conditions de possibilité physiologiques de la sexualité, les processus psychiques
requis pour l'établissement d'une relation sexuelle
apparaîtront d'eux-mêmes : ce seront toutes les
transformations mentales et affectives se produisant
entre la première véritable excitation érotique et un
orgasme hétérosexuel satisfaisant.

Que signifie, appliqué à la sexualité : un être humain
à organisme adulte ? J'entendrai par là un être humain
quelconque, homme ou femme, qui dipose d'un
système d'organes, de sécrétions et de circuits
sexuels en mesure de fonctionner normalement. L'âge
de cet être se situe nécessairement entre 14-20 ans
(plus tôt pour la fille, plus tard pour le garçon) et
une période assez indéterminée qui coïncide pour
la femme avec la ménopause et pour l'homme avec
le commencement de la vieillesse. Comme nous
possédons peu de renseignements sur la vie sexuelle
des personnes âgées, il est imprudent de fixer un âge
précis pour le déclin des aptitudes sexuelles. Même
un indice aussi précis que la ménopause ne signifie
pas encore un affaiblissement des potentialités érotiques
de l'organisme. Mais il est vraisemblable qu'avec le
déclin des aptitudes générales et l'arrêt de l'ovulation,
l'ensemble de l'appareil sexuel subisse une grosse
perturbation et perde de son efficacité. Ce qui nous
trouble ici, c'est la vie amoureuse intense de certaines
personnes âgées, et dont nous trouvons les exemples
les plus célèbres chez un Michelet et un Victor Hugo.

Pour s'expliquer ces derniers feux, dont l'éclat l'emporte parfois sur les passions de la jeunesse et de la maturité, il faudrait connaître les vraies lois du déclin organique. On verrait peut-être que dans la vieillesse, l'individu profite d'une certaine vitesse acquise et qu'il supplée à une diminution des organes spécifiquement sexuels par toute la force acquise de son imagination, par l'intensité de stimulants mentaux, moins vite atteints par le vieillissement et dotés d'une certaine autonomie. Mais quoi qu'il en soit, l'âge qui suit la crise climatérique est une période aussi particulière que celle qui prépare la maturité et que nous appelons la puberté. La psychologie des relations sexuelles à ces moments de formation ou de déclin présente assez de caractères spécifiques pour qu'on en fasse une étude séparée, étude qui ne pourra d'ailleurs se faire avec succès qu'à la condition de posséder au préalable le schéma de la psychologie sexuelle adulte et normale. C'est pour ces raisons que ma recherche actuelle se limitera à la condition de l'être humain en pleine maturité biologique.

Chez la jeune fille, cette maturité biologique est obtenue vers l'âge de 18 ans, chez le jeune garçon, vers l'âge de 20 ans. La puberté alors achevée, l'individu se trouve en possession du système complet de la sexualité. Les testicules et les ovaires donnent leurs produits respectifs : spermatozoïdes ou ovules. Les organes vecteurs (oviductes et canaux déférents) et les organes copulateurs (pénis et vagin) transportent les produits de manière à les mettre en contact en vue de la fécondation. D'autre part, depuis les progrès de l'endocrinologie, on connaît le rôle primordial joué dans la formation et le fonctionnement de cet appareil sexuel par ces produits circulants que sont les hormones (folliculine et lutéine, gonadostimulines, sécrétions thyroïdiennes, corticostérone, etc.). Enfin, les circuits nerveux du système autonome et du système cérébro-spinal sont montés de manière à permettre la chaîne des réflexes sexuels : d'abord la stimulation des fibres afférentes sympathiques et rachidiennes, ensuite celle des fibres efférentes qui innervent les muscles génitaux nécessaires à l'érection et au coït.

La maturation de ce système dont il ne m'incombe pas de donner une description détaillée puisqu'aussi bien on peut la trouver dans de nombreux ouvrages de physiologie, a un effet qui intéresse directement la psychologie : l'individu atteint son seuil d'excitabilité érotique normale. Avant la puberté et la maturité biologiques, l'organisme n'était sensible aux excitants érotiques extérieurs qu'à des intervalles éloignés et à un degré peu notable. Avec le développement de l'appareil sexuel, cette sensibilité augmente brusquement, atteignant vers la vingtième année son degré normal. Maintenant et selon des lois biologiques encore mal connues, toutes sortes de données perceptives qui avaient été jusqu'ici sans effet ou à peu près sur l'organisme sortent de leur indifférence et prennent valeur de stimulant érotique. Certaines couleurs, certaines formes, des attouchements d'une certaine qualité, des odeurs et des sons en provenance de congénères se détachent sur le fond neutre du milieu extérieur, et viennent agir, dans l'organisme devenu sensible à leur influence, sur les déclencheurs du comportement sexuel.

Cette sensibilité aux stimulants érotiques naturels est l'exact point de départ de mon étude. Je la suppose arrivée à son degré de développement normal. Hypothèse initiale qui ne va pas, je m'en rends compte, sans une certaine simplification de la réalité mais qui a le mérite de bien poser le problème fondamental de la sexualité humaine.

En effet, la question qui se pose tout de suite est la suivante : pourquoi et comment se fait-il que les stimulants érotiques trouvant sur leur trajectoire un organisme sensible à leur action et agissant sur les centres perceptifs de celui-ci, n'y provoquent pas sur le champ toute la chaîne du comportement sexuel ? Question qui doit déjà se poser au niveau de nombreuses espèces infra-humaines chez qui aussi les rapports sexuels sont inévitablement précédés d'une plus ou moins longue période de préparation (la *pair-forming*, c'est-à-dire la formation du couple) mais qui se pose surtout pour l'espèce humaine, qui est celle où l'intervalle entre les premières stimulations érotiques et la consommation de l'acte sexuel est le plus long en durée et le plus rempli d'événements et de délibérations de toute espèce.

## I.

Cet intervalle entre l'éveil d'un besoin et sa satisfaction est propre à la sexualité. Pour tous les autres besoins physiologiques, comme la faim et l'élimination des excréments, il se passe au maximum quelques heures depuis le moment des premières sensations de malaise jusqu'aux actes adaptés. En matière de sexualité, de nombreuses excitations érotiques peuvent parcourir périodiquement l'organisme sans qu'il y ait un véritable accomplissement, délibéré et conscient, de l'acte sexuel, sinon après un grand nombre de mois ou même d'années.

Comment s'expliquer cette différence ? Remarquons d'abord que l'instinct sexuel se sépare des autres instincts fondamentaux par la nature de son objet. Pour s'accomplir dans des conditions normales, selon les indications inscrites dans l'organisme (dimorphisme sexuel), il requiert l'accord d'un autre être de la même espèce et du sexe opposé. Son objet propre est un être vivant, et dans le cas de l'espèce humaine, une personne dont les motifs et les possibilités de refus et de fuite sont considérablement multipliées par le développement du langage, de la mémoire et de la pensée. A la pomme que nous mangeons, nous ne demandons pas si elle accepte de subir ce sort qui doit assurer notre conservation organique. Les objets de notre appétit sont inanimés ou s'ils sont vivants, nous les tuons par force en exploitant notre supériorité.

Dans le domaine sexuel, cette violence s'appelle le viol et constitue toujours une manière insatisfaisante de répondre au besoin. Dans la nature même de l'instinct sexuel, il est inscrit qu'il doit obtenir du partenaire un minimum d'accord, au moins au moment final de la copulation.

Ce caractère particulier de l'objet propre de l'instinct sexuel, objet qui doit être un congénère plus ou moins consentant, nous met sur la voie d'une explication objective de l'intervalle entre l'excitation et la satisfaction plénière. Quand l'individu subit dans son organisme une excitation érotique venant du corps d'un partenaire virtuel, il est rare qu'il trouve chez celui-ci un consentement immédiat. A tort ou à raison selon les circonstances, il imaginera de sa part un refus ou une dérobade.

Dans la plupart des études sur la sexualité, on est porté à penser que les réticences ne viennent jamais du mâle, lequel serait toujours prêt à accepter les avances de n'importe quelle femelle, mais uniquement de la part de la femelle, laquelle dans toutes les espèces répondrait d'abord aux avances du mâle par une attitude défensive, puis seulement par une acceptation. L'observation des mœurs animales vient apporter chaque jour des exceptions à cette règle trop générale et trop schématique, due peut-être aux modèles culturels du chercheur. Les faits montrent qu'il y a des espèces animales où l'attaque sexuelle vient des femelles et où les mâles commencent par opposer une certaine résistance, que même dans les espèces où l'initiative appartient généralement au mâle, de nombreux couples montrent un renversement des rôles habituels. Dans l'espèce humaine en tout cas, l'initiative appartient tantôt à l'un, tantôt à l'autre des sexes. Par ses modèles culturels, chaque groupe humain quelque peu homogène a favorisé, pour des raisons qui sont à découvrir par l'anthropologie, tantôt l'initiative de l'homme, tantôt celle de la femme, et souvent un équilibre entre l'une et l'autre. Ainsi, dans combien de milieux et de sociétés ne fait-on pas en pratique, sinon en théorie, une distinction entre une initiative *camouflée*, réservée par exemple aux femmes, auxquelles on demande de se contenter d'être séductrices dans les attitudes, sans plus, et une initiative *ouverte*, imposée aux hommes et qui consiste par exemple à faire les premiers pas et à se déclarer? Chez les plus virils des hommes de notre société, il est fréquent d'en rencontrer qui attendent, pour une déclaration manifeste, que la femme ait pris l'initiative d'une parole ou d'une attitude à double sens.

En réalité, il y a entre les sexes en présence l'un de l'autre une hésitation profonde, tenant à la nature particulière de l'instinct en jeu. Comme il faut un consentement, c'est à qui fera le premier pas. Problème délicat auquel la tradition et peut-être même l'hérédité apportent des solutions en quelque sorte rituelles, comme pour éviter aux individus particuliers le soin de réinventer à chaque fois pour leur propre compte une solution satisfaisante.

Mais quoi qu'il en soit des attributs propres à la virilité ou à la féminité en matière d'initiative sexuelle, il y a toujours un partenaire qui fait mine d'attaquer et un autre qui commence par résister. Chez le dernier le consentement n'est jamais donné d'emblée, à moins qu'il ne s'agisse de partenaires vivant en bonne entente morale et sexuelle. Et encore! Les tracasseries de la vie quotidienne, les petits conflits irritants, la différence dans les états physiologiques de chacun, tous ces facteurs ont pour effet que les deux êtres doivent en général mettre un certain temps, fort court sans doute, mais réel, pour arriver à un consentement. Dans ce couple idéal, l'accord est vite produit, encore faut-il le recréer chaque fois. Et nous y trouverons à l'état comprimé ou fugace toutes les étapes qui ont jalonné sa formation. Chaque rapprochement sexuel répète, mais d'une manière condensée et rapide, les phases successives par lesquelles il a fallu passer pour constituer le couple, un peu comme l'ontogénèse reproduit en bref les longs tâtonnements de la phylogénèse.

Comme chaque individu, homme ou femme, qui laisserait se propager en soi sans aucun frein l'excitation organique, se verrait irrésistiblement entraîné vers le partenaire attirant, mais avec le risque d'être repoussé par lui, il reste sur ses gardes, opposant au déclenchement du déterminisme sexuel une inhibition au moins provisoire. La nécessité d'obtenir au préalable un début de consentement rend nécessaire une suspension des réactions spontanées. Du fait de son incertitude touchant les dispositions d'un partenaire virtuel, l'individu attend de consentir à la propagation en soi de l'onde érotique. Par conséquent, que ce soit l'homme ou la femme qui prenne l'attitude défensive, le résultat est toujours le même et cela dans les deux sexes : une attente, une suspension, un non-consentement à l'excitation intérieure.

C'est cette absence de consentement aux stimulations initiales que nous appelons l'inhibition. Elle peut être plus ou moins radicale, selon les caractéristiques du partenaire attractif et selon les peurs ou les principes moraux de l'individu stimulé. Mais il y a toute apparence qu'elle se produit toujours, au début de la moindre excitation érotique et quels que soient les partenaires que l'événement met en présence : des personnes parentes, des étrangers par le sang et même des conjoints. Considérons successivement et en détail chacun de ces trois cas.

### 2.

Si la stimulation vient d'un parent (père, frère, mère ou sœur, enfant quasi adulte), le frein est puissant, en raison de toutes les défenses sociales. Alors, l'être dont elle émane ne possède pas seulement un pouvoir de refus individuel, variable avec ses goûts innés ou son humeur du moment, mais il est encore porteur d'un refus collectif. C'est ainsi que nous nous trouvons en contact permanent avec un grand nombre d'êtres qui émettent, même à notre insu, des signaux érotiques, mais dont nous attendons qu'ils se refusent, par principe, à toute avance de notre part. Ces êtres ne résisteront pas seulement, comme dans toute relation qui se forme, en vertu du fait qu'à toute offensive répond une défensive, mais leur refus sera celui de toute une société. Il exprimera une interdiction générale, qui dépasse de loin leurs dispositions individuelles au rejet.

Toutes les sociétés humaines ont réglementé les rapports sexuels. Partout l'autorité civile ou religieuse est intervenue ou intervient pour distinguer ce qui est permis et défendu. Ici, elle n'autorise aucun rapport avant la conclusion d'un mariage. Là, elle les permet avant ou en dehors du mariage, mais rarement en les encourageant et toujours en fixant des limitations d'âge et de parenté. C'est l'ethnologie culturelle qui nous décrit les multiples règles par lesquelles, explicitement ou implicitement, les groupes humains ont organisé, chacun à leur manière, les comportements sexuels de leurs membres.

De toutes les défenses, la plus universelle est celle de l'inceste. Elle est le dénominateur commun et probablement l'origine de toutes les réglementations coutumières et légales en matière de sexualité, à condition d'entendre le terme d'inceste dans un sens large et pas seulement dans celui, trop restreint, de conjonction sexuelle entre un père et sa fille, entre une mère et son garçon. La prohibition de l'inceste équivaut à l'ensemble des règles du mariage : n'importe quel homme ne peut se lier à n'importe quelle femme. Entre ceux qui veulent s'unir, au moins d'une manière stable et pour procréer, ne peuvent exister certains degrés de parenté, degrés dont la fixation varie d'après les sociétés et les cultures.

De tous les anthropologues contemporains, Claude Lévi-Strauss est sans doute celui qui a le mieux étudié la prohibition de l'inceste, ses multiples modalités et sa signification fondamentale. Par une intuition géniale, il y a vu le point de jonction et de passage entre la Nature, règne des besoins vitaux, et la Culture où la satisfaction de ces besoins est soumise à des règles et à des lois. Il la considère dans sa signification positive, comme une des modalités fondamentales d'une grande « fonction de communication [1] ». En effet, écrit-il, « la prohibition de l'inceste est moins une règle qui interdit d'épouser mère, sœur ou fille, qu'une règle qui oblige à donner mère, sœur ou fille à autrui » [2]. Sans la réglementation, c'est-à-dire sans l'obligation de donner les femmes de son clan aux hommes d'un autre clan, sans cet échange organisé des femmes, les groupes humains n'auraient pas tardé à éclater ou auraient persisté

---

[1] Cl. LÉVI-STRAUSS, *Les structures élémentaires de la parenté*, Paris, P.U.F., 1949, p. 613.
[2] *Op. cit.*, p. 596.

dans leur division en une multitude de familles hostiles ou étrangères qui auraient formé « autant de systèmes clos, de monades sans porte ni fenêtre » et dont « aucune harmonie préétablie » n'aurait pu « prévenir la prolifération et les antagonismes [1] ». A l'origine de toutes les règles du mariage, Lévi-Strauss trouve toujours un système d'échanges. Bref, dans une formule saisissante, il estime que la prohibition de l'inceste, « c'est la règle du don par excellence [2] ».

Ce qui intéresse le psychologue sexuel dans la thèse de Lévi-Strauss, c'est l'affirmation qu'elle implique. S'il a fallu soumettre la possession des femmes, surtout celles qui sont les plus proches de l'individu, au régime de l'échange, c'est que vers elles le portent les désirs les plus forts. La force d'une défense est proportionnelle à la force de l'instinct.

Dans certaines civilisations, seuls les dieux et les princes peuvent déroger à l'interdiction primordiale, épouser un père, un frère, une sœur, un fils ou une fille. Ce sont précisément ces exceptions au profit des tout-puissants qui nous donnent la clef de la défense. A ceux qui ont la lourde charge de l'autorité suprême, on permet la liberté complète. Celui qui doit faire la loi, le chef suprême, ne peut être lié par aucune loi. Il a le droit de céder à ses désirs les plus profonds et les plus naturels. N'est-ce pas

---

[1] *Op. cit.*, p. 593.
[2] *Op. cit.*, p. 596.

reconnaître que les premiers et les plus puissants stimulants sexuels sont ceux qui viennent du voisinage le plus immédiat, des êtres de la famille ou du clan?

Laissons de côté momentanément la personne de l'entourage avec laquelle les relations sexuelles sont autorisées, le conjoint ou l'épouse. Considérons pour l'instant ce qui se passe avec toutes les personnes qui sont « parentes » : père, mère, enfants arrivés à la maturité biologique, frères et sœurs adultes.

Dans la famille, les sexes opposés se côtoient dans une intimité particulièrement propice à l'éveil des tendances érotiques. Chacun des sexes offre à l'autre, la plupart du temps contre son gré, l'ensemble des stimulants, couleurs, mouvements, odeurs, formes, qui sont capables de libérer les mécanismes de déclenchement du cycle des comportements sexuels. Parmi les indices qui en témoignent, je ne choisis que le plus commun : le garçon est intrigué par l'anatomie de sa sœur ou de sa mère, la fille par celle de son frère ou de son père. Ainsi, c'est souvent au hasard des libertés de la cohabitation qu'un détail chargé d'une forte valence érotique surgit dans le champ perceptif de l'adolescent et risque d'amorcer les réactions sexuelles.

En pénétrant dans les pensées et les rêves secrets de l'être humain, la psychanalyse y a souvent découvert des désirs incestueux. C'est même son apport essentiel à la psychologie des relations humaines. En dépit, peut-être même à cause de la rigoureuse défense de l'inceste, la société ne peut empêcher que les premières stimulations érotiques n'émanent d'êtres qui nous sont proches. S'il est vrai que dans la plupart des cas ces stimulations premières ne réussissent tout de même pas à déclencher le cycle total du comportement sexuel, il n'en subsiste pas moins un certain nombre d'indices subtils qui sont comme des amorces de comportement, dont il a fallu neutraliser l'effet en élaborant un système compliqué de défenses intérieures.

A ce propos, si nous prenons l'exemple d'un jeune adolescent, signalons que la société dans laquelle il entre progressivement ne vient pas compenser les défenses qui jouent à l'intérieur du milieu familial. Quand il sort de celui-ci, — ce qu'on ne lui permet souvent que dans des limites très strictes et pour des motifs sérieux, le travail ou un sport —, on le prie instamment de garder ses distances et d'éviter les intimités précoces. Il est d'ailleurs saisi par l'école qui se voit dans l'obligation de lui imposer de la tenue, de la décence. Les distances doivent être scrupuleusement respectées. Et ce qui est vrai de l'adolescent, l'est de tous les membres de la famille, pour autant qu'elle leur laisse peu de liberté en dehors des heures de travail.

Par conséquent, nous trouvons d'un côté la famille, petite cellule étriquée dont les éléments se touchent intimement, dans une proximité que les conditions d'habitat ne font qu'accentuer, de l'autre la société qui demande partout le respect des distances. L'extérieur de la famille n'est plus la forêt environnante des primitifs, cet espace gratuitement offert aux ébats des couples et échappant à la surveillance des chefs de famille. Dans les agglomérations urbaines d'aujourd'hui, la surveillance est omniprésente. Quelques rares endroits y échappent, mais c'est encore au prix d'un argent qui manque à beaucoup. Les espaces où les individus peuvent se sentir libres impunément deviennent toujours plus rares et plus coûteux. Bref, alors que le milieu extérieur à la famille subit une réglementation accrue et impose des distances morales entre les individus, la famille voit se restreindre son propre espace vital, ses membres étant obligés, selon l'expression populaire fort éloquente, de vivre les uns sur les autres.

On a prétendu que les affirmations de la psychanalyse sur les désirs incestueux n'étaient vraies que dans notre société bourgeoise occidentale. Je ne le pense pas. Il suffit de songer à la réglementation rigide qui préside dans toutes les cultures humaines, aussi primitives soient-elles, aux unions sexuelles, pour admettre que l'espèce humaine a dû toujours et partout lutter contre les forces centripètes et incestueuses de la cellule familiale. Mais il est vrai que notre société, en limitant la liberté d'action de ses membres en dehors de la famille, a du même coup augmenté la valence érotique des membres de celle-ci.

Par ailleurs, la rigidité du déterminisme instinctif qui relie les stimulations érotiques extérieures aux mécanismes de déclenchement du comportement sexuel, rigidité causale bien mise en relief par les études récentes de psychologie animale, suffirait à nous convaincre que toute personne du milieu familial présente à toutes les autres une valence érotique dangereuse. Le degré de cette valence varie d'une situation à l'autre, en fonction d'une triple série de facteurs : d'abord l'attrait des qualités sensibles de la personne qui en est chargée, ensuite la tendance, plus ou moins marquée, de la personne à mettre en valeur les attraits dont elle peut disposer, enfin la sensibilité sexuelle de la personne stimulée ou réceptrice, dont le seuil d'excitation est d'autant plus bas que les occasions de décharge réelle sont plus rares. Ne retenons pour l'instant que le dernier des facteurs. Si la vie extérieure au milieu familial n'offre à l'individu non marié aucune possibilité de réalisation de la sexualité, il faut s'attendre à voir son organisme sensibilisé aux plus légères stimulations sexuelles, d'où qu'elles viennent : la valence érotique des membres les plus attrayants de sa famille s'en trouvera accrue.

C'est le blocage des réactions, dès les débuts de la stimulation, qui explique que dans les circonstances ordinaires de la vie, en dehors de toute psychothérapie, les individus humains nient la présence en eux d'affects incestueux. Leurs dénégations sont sincères. Jamais ou presque, leur psychisme profond n'a autorisé le déclenchement de mécanismes sexuels à la suite d'une stimulation issue d'un proche parent. Ce n'est qu'au moment du relâchement du contrôle volontaire, dans un rêve ou dans une séance de psychanalyse, que la stimulation incestueuse peut devenir consciente. Au moment du réveil ou du retour à la vie réelle, le contrôle réapparaît : le système déclencheur est bloqué par un mécanisme inhibiteur. La conséquence en est qu'au moment de la maturité biologique, en dépit des multiples stimulations érotiques, il peut se faire que l'individu n'ait jamais connu d'émoi sexuel ou érotique en face des individus pourtant attrayants de son entourage. Mais l'absence de conscience n'exclut pas qu'une affinité particulière se soit établie entre tel élément érotique, appartenant à une personne familière, et l'appareil sexuel.

D'où vient donc le blocage? La micropsychologie devra faire encore beaucoup de progrès pour donner une réponse détaillée à cette question. Il ne suffit pas en effet d'alléguer la défense de l'inceste, ni les multiples interdits sociaux et moraux décrits par l'ethnologie et la sociologie. Le psychologue connaît l'inefficacité fréquente des interdits. Ceux-ci n'arrêtent pas certains individus. Ce qui nous conduit à la question suivante : de quelle manière concrète agissent ces interdits moraux? Comment arrivent-ils à influencer l'individu? Nous connaissons trop bien le peu de poids des paroles d'interdiction pour leur attribuer une influence déterminante. Pour ma part, je pense que ces interdictions morales n'agissent efficacement sur l'individu que par la médiation des parents eux-mêmes. C'est dans l'attitude réservée de ceux-ci, même dans des comportements concrets de rejet, que les interdits sociaux et moraux se traduisent matériellement : un baiser repoussé, des réactions d'énervement, la grosse voix, le refus de se montrer dans sa nudité, l'exclusion de la chambre conjugale, la suppression des attouchements inutiles, tous ces détails de la micropsychologie constituent sans aucun doute des rejets en quelque sorte rituels, dont l'individu comprend en pratique le sens interdicteur caché. La défense de l'inceste est vécue par l'individu avant de lui être connue. Elle est d'abord dans les attitudes des parents avant d'être dans son esprit.

L'éthologie contemporaine a montré que dans le monde animal infra-humain, des conduites se trouvent ritualisées et deviennent ainsi des signaux déclencheurs pour le partenaire courtisé. Les danses précopulatoires rentrent dans cette catégorie de comportements ayant perdu leur valeur fonctionnelle pour prendre celle de signal excitateur. On doit se demander si, en sens inverse, il n'existe pas aussi des conduites rituelles d'inhibition érotique. On peut répondre affirmativement rien qu'en songeant à toutes les conduites de pudeur : expressions symboliques du refus, elles voilent et nient les parties sexuelles du corps. C'est la plupart du temps à leur insu que les proches parents émettent un grand nombre de ces signaux inhibiteurs, à la moindre alerte sexuelle.

En analysant les signaux inhibiteurs, on verrait que les éléments agressifs y prédominent. Un père qui devient trop sensible à l'attrait de sa fille dans la fleur de l'âge ne tarde pas à se montrer distant, méprisant et hostile, à moins qu'il puisse sans danger reconnaître son émoi sexuel. Le plus fréquemment, il devra repousser l'attirance de cette femme de son sang en prenant le contre-pied du comportement séducteur. Le drame, c'est que souvent un excès de rigueur, provenant d'un excès d'attrait, obtient un effet inverse et finit par devenir à son tour un signal érotique.

Mais quoi qu'il advienne, on voit l'ambiguïté de la situation familiale. D'une part, en raison de leur proximité quotidienne et de la valence érotique dont ils sont chargés comme tout autre individu de l'espèce humaine, les personnes parentes sont les stimulants les plus immédiats de la sexualité. Mais d'autre part, par tous les signaux inhibiteurs qu'ils émettent, ils déterminent un blocage presque instantané du système déclencheur des mouvements sexuels. Ambiguïté qui est pour beaucoup dans le malaise de l'âge ingrat!

Le moyen le plus logique de sortir du conflit frustrant consiste à s'exposer aux stimulations érotiques extérieures. Hélas, cette solution rencontre aussi des obstacles. Même en dehors de la famille, il ne suffit pas que le cycle des conduites sexuelles soit amorcé pour que la copulation hétérosexuelle puisse se produire librement. Là aussi le déclenchement des processus sexuels est loin de s'opérer spontanément.

## 3.

Se trouvant l'un en face de l'autre, l'homme et la femme ne laissent pas se déclencher d'emblée le cycle sexuel naturel. Il n'est pas jusqu'aux plus libres ou aux plus audacieux qui ne fassent précéder leurs rapports sexuels d'une phase préparatoire dont la longueur et les épisodes varient selon les résistances du partenaire courtisé et selon l'expérience du « courtisan ». Les plus sages se limitent à de chastes fiançailles et ne s'autorisent des rapports effectifs qu'après le mariage. Mais chez tous, on observe ce qu'on pourrait appeler les travaux d'approche. Même la prostitution la plus vulgaire, celle où les rapports sont à peu près instantanés et automatiques et ne semblent demander aucune préparation psychologique, ne constitue pas une exception à la loi générale. D'abord, ne serait-ce que par l'apport indispensable de biens matériels ou d'argent, il y a une série de conventions générales qu'il faut y respecter. Ensuite, la personne qui entre pour la première fois chez une prostituée ne le fait qu'à la suite de longues délibérations qui lui ont peut-être pris des jours, des mois ou des années. La prostituée elle-même n'a adopté ce genre de comportements sexuels qu'à la suite d'une histoire mouvementée, faite de frustrations et de tâtonnements dans les directions les plus différentes. De toute manière, même dans les peuplades les plus primitives, la prostitution est un phénomène marginal. Et ce serait un renversement complet des choses que de la considérer, elle qui est un phénomène de civilisation avancée, au moins dans la forme élaborée et systématique que nous lui connaissons dans le monde humain, comme si elle était le phénomène naturel par excellence que les réglementations sociales n'auraient fait qu'endiguer. La prostitution relève d'une technique, issue de la difficulté d'assurer à tous et à toutes une vie sexuelle normale. Elle ne peut en aucune façon servir de prototype à une sexualité naturelle.

Ainsi donc, d'une manière générale, il faut distinguer soigneusement entre une phase de préparation et une phase de consommation. Depuis le moment de la première excitation érotique jusqu'à l'acte génital consommatoire se passe un temps plus ou moins long, consacré d'une part à vaincre les résistances du partenaire désiré, d'autre part à lever les unes après les autres les défenses intérieures. D'ailleurs, les résistances de l'être désiré et les défenses de l'être désirant contre son propre désir sont les faces opposées d'un phénomène unique, vu tantôt du côté de l'objet, tantôt du côté du sujet : l'opposition psychique que rencontrent, en chacun, les premiers émois sexuels, même s'ils portent sur des êtres autorisés par la loi ou les coutumes. Aussi étrange qu'il y paraisse, nous voyons se produire un blocage identique à celui que je signalais entre les proches parents.

Une image simplifiée de l'homme primitif, laquelle est plutôt le résultat d'une projection de nos désirs qu'un fidèle reflet de la réalité, nous a fait croire que dans la plupart des tribus, les relations entre jeunes gens et jeunes filles s'établissaient librement, dès l'instant de l'éveil génital et dès la première rencontre favorable. Rien n'est plus faux que cette croyance. Les sociétés les moins refoulées exigent de la part de la fiancée comme du fiancé un ensemble de prestations dont seule l'exécution scrupuleuse, sous la surveillance des adultes, les habilite à la consommation de l'acte charnel complet. Rites d'initiation dont l'existence prouve que les jeunes de l'espèce humaine ne peuvent jamais laisser se déclencher librement le cycle des rapports sexuels. Dans la douce tribu des Arapesch, on n'hésite pas à effrayer les jeunes pubères que pourrait tenter l'idée de rapports sexuels, en leur présentant le tableau des effets néfastes sur la santé et la beauté corporelles de rapports sexuels prématurés. La fillette sait que si elle a des rapports sexuels avant sa puberté et avant la reconnaissance officielle de celle-ci, « sa croissance s'arrêtera », qu' « elle sera frêle et chétive », que « ses seins resteront dressés, petits, durs, inhospitaliers, au lieu de tomber, abondants et lourds

— ce que les Arapesh considèrent comme le critère de la beauté féminine [1] ».

Les coutumes sexuelles qui s'imposent aux adolescentes et aux adolescents de tous les peuples ont beau offrir une riche variété, elles n'en présentent pas moins un dénominateur commun : la complexité de l'aventure qui consiste pour un jeune homme à s'approcher d'une jeune fille en vue d'arriver un jour à la posséder physiquement. Partout, il y a un chemin à parcourir, considéré comme normal, avec ses étapes, ses rites, sa durée et son terme propres. Certes, partout aussi, il y a des chemins plus courts et secrets, qui sont l'objet de la désapprobation des adultes, mais que certains, plus impatients du joug de ceux-ci, n'en prennent pas moins avec toutes les précautions d'usage. Que les individus choisissent une voie ou l'autre, il y a toujours des obstacles à franchir, des épreuves à subir, des actes préliminaires plus ou moins désagréables à accomplir.

Les explications psychanalytiques nous ont habitué à considérer que le blocage des instincts sexuels de la puberté était dû en grande partie aux interdits moraux et sociaux édictés par la société adulte. Leur vérité n'est pas à mettre en doute. Mais elles ne présentent qu'une face des choses, qu'un type de causalité. En effet, quelle est l'origine de ces tabous, de ces interdictions ? Dans une perspective plus

---

[1] Margaret MEAD, *Mœurs et sexualité en Océanie*, Paris, Plon, 1963, p. 80-81.

biologique, nous pouvons supposer une causalité inverse : les interdits moraux ne sont pas seulement des interdits, ils recouvrent un ensemble de rites positifs, destinés à lever un blocage initial de l'homme et de la femme l'un devant l'autre, et à donner plus de valeur, de signification humaine, aux actes instinctifs.

En vérité, les deux explications doivent être retenues ensemble. D'une part, il y a de toute nécessité psychologique un certain nombre de rites et de comportements à accomplir pour lutter contre une inhibition primaire et avant d'aboutir à l'accomplissement de l'acte sexuel dans des conditions spécifiquement humaines. Mais d'autre part, pour des motifs sans doute à la fois économiques et de prestige, les adultes de toutes les sociétés humaines n'ont pas manqué de profiter de leur supériorité pour multiplier le nombre, la dureté et la longueur des épreuves préparatoires à la consommation de l'acte.

De la sorte, chaque société a imaginé ses méthodes propres de déblocage et d'humanisation, méthodes qu'au fil des générations, les adultes et les maîtres de cette société n'ont pas manqué sans doute d'alourdir et d'exploiter à leur profit. Et alors, le heurt entre les comportements socialement admis et les comportements défendus n'est plus que le heurt entre des méthodes traditionnelles, fixées par l'usage et les lois, admises par tous les membres adultes et influents du groupe, encouragées, célébrées officiellement, et des méthodes plus personnelles, moins communes, qui doivent se camoufler sous la pression des premières. Ce serait une grave illusion de croire que dans les coulisses de la vie sociale, tout se passe simplement, sans aucune inhibition, sans préparation lente et sinueuse aux actes attirants.

A qui objecterait que l'inhibition ne joue que chez les plus jeunes d'un groupe social et pour les décisions particulières qui, comme le mariage et ses préliminaires, tombent sous le coup de prescriptions sociales, il suffit de signaler que même chez les adultes ayant de l'expérience et n'étant arrêtés par aucune défense explicite, les couples prennent du temps à se former et que souvent, c'est seulement à la faveur de conditions spéciales (une fête, une cérémonie, la guerre ou le fait de se trouver isolés dans un endroit secret, dans un état d'excitation, par exemple d'ébriété) que les partenaires osent faire les premiers pas l'un vers l'autre. S'il faut en général, pour qu'ils arrivent à se déclarer leurs sentiments, tout un concours de circonstances favorables, tenant aussi bien à la situation extérieure qu'à un relâchement du contrôle volontaire, cela ne signifie pas que l'excitation érotique n'apparaît qu'alors, mais que dans les conditions les plus ordinaires de la vie, elle est freinée dès ses plus discrets débuts.

Que se passe-t-il, en effet, chez l'individu virtuellement sensibilisé aux stimulations sexuelles extérieures quand apparaît dans son champ perceptif un partenaire possible? Celui-ci ne joue pas instantanément un rôle d'excitateur ou d'évocateur des mécanismes sexuels. Pour que les possibilités de stimulation dont se trouve chargé son organisme (formes, couleurs, odeurs) s'actualisent et exercent une influence effective sur le système neuro-moteur de la sexualité de l'individu-récepteur, il faudrait que, partenaire virtuel, il ne se présente pas sous les dehors d'un ennemi ou d'une ennemie. Il devrait apparaître d'emblée comme un être bienveillant dont on peut subir l'influence hypnotisante sans crainte d'aucune blessure, d'aucun esclavage, d'aucun mal. Comme nous savons que l'amplification de l'émotion sexuelle submerge notre conscience et endort la garde que nous montons autour de nous-mêmes, ce n'est que de la part de congénères bien disposés à notre égard que nous acceptons de subir la fascination des stimulants sexuels dont ils sont porteurs. Dès que dans le partenaire virtuel transparaît la moindre intention agressive, notre système de défense se trouve alerté, notre conscience est mise en éveil, toutes les régulations neuro-hormonales de notre organisme tendent à renforcer l'action des muscles de la fuite ou de l'attaque, l'appareil sexuel se voit privé de toutes les forces mobilisées dans un but de défense, et c'est dans cette mesure même que sa sensibilité aux stimulants érotiques diminue, neutralisant ainsi l'effet de la séduction.

Or, il serait naïf de croire qu'aux yeux de l'individu maintenant sensibilisé aux excitants sexuels externes, les membres de l'autre sexe apparaissent d'emblée sous un jour bienveillant. Même quand l'un d'entre eux est un partenaire permis par les coutumes ou par les lois, il ne manque pas d'éveiller des soupçons. Autrui, à moins d'être un ami et un familier de longue date, est un ennemi virtuel, avant d'être un partenaire éventuel. En tout cas, il est éprouvé comme tel et la moindre des précautions est d'être prudent et de se préparer à l'une et à l'autre des deux éventualités.

La plus récente psychologie animale a mis en relief un phénomène dont la portée, même en psychologie humaine, est considérable : non seulement la plupart des animaux vivent en groupe, mais ils se délimitent des territoires particuliers dont la défense passe parfois avant les intérêts sexuels. C'est ainsi que Desmond Morris a montré comment les Épinoches mâles ne peuvent s'empêcher de traiter les femelles qui entrent dans leur territoire d'abord en ennemis puis en partenaires : la première réaction est agressive en réponse à l'intrusion territoriale, la seconde seulement est sexuelle, en réponse à la nature femelle de l'animal [1]. Cette observation éclaire aussi le comportement des hommes.

[1] Desmond MORRIS, The function and causation of courtship ceremonies, dans « *L'instinct dans le comportement des animaux et de l'homme* », Paris, Masson, 1956, p. 278.

L'être humain n'a pas seulement un territoire à défendre. Il a une famille qui le nourrit, même si elle n'est pas toujours aussi clémente qu'il le désire, un patrimoine dont il jouit déjà ou jouira un jour, des habitudes qui lui sont chères parce qu'elles lui assurent tous les plaisirs qu'il a appris à se donner sans être trop incommodé, un cercle d'amis aux conventions tacites, mais combien sacrées et intangibles, enfin d'une manière générale, une organisation affective et mentale qui l'abrite des remous intérieurs trop puissants ou trop anarchiques. Mais voici qu'entre dans ce domaine jalousement gardé une personne étrangère. Ce qu'elle provoquera d'abord, ce sera un regard inquisiteur, chargé de peur et d'espoir : « dois-je, se demande l'individu, me défendre d'une attaque sournoise ou puis-je me réjouir et caresser l'espoir de jouissances inattendues ? » En même temps que s'impose en lui un premier émoi sexuel, il se pose une question vitale touchant le risque que court l'intégrité du territoire, matériel et moral, de son existence.

A la lumière de cette notion de territoire s'éclaire un des plus grands paradoxes de la psychologie sexuelle, à savoir qu'une stimulation agréable ou du moins annonciatrice de plaisir, puisse devenir rapidement désagréable et insupportable. C'est qu'elle est éprouvée en même temps comme un danger, comme une attaque subtile dirigée contre le territoire qui forme le prolongement de notre personnalité.

En langage freudien, le partenaire chargé de valence érotique commence par apparaître comme un castrateur virtuel : les stimulations érotiques qui en émanent ne peuvent être qu'insidieuses; il s'en sert, craint-on, pour entrer dans la place; une fois qu'il y sera installé, il y fera la loi.

Les notions de *territoire* et d'*intrusion* sont neuves et capitales. A l'état libre, les animaux s'agglutinent en colonies, s'appropriant un ou plusieurs domaines. Le même phénomène s'observe chez les êtres humains : bandes de jeunes, clans d'amis, fraternités d'étudiants (Bruederschaften), clubs d'adultes, sociétés de distraction, ces groupes ne sont pas nécessairement fermés sur eux-mêmes, mais ils ont tous en commun la possession d'un domaine, d'un territoire, que ce soit un quartier, un « bistrot », un village ou une région. Avant de se définir par leur structure, par leur forme commune, ces groupes se distinguent entre eux par leur rayon d'action. L'individu étranger qui se hasarde dans le territoire ainsi délimité est accueilli avec suspicion, sinon avec hostilité.

Revenant au problème des liens sexuels, regardons le comportement d'un groupe d'amis et d'amies, quand pénètre sur son territoire une femme étrangère au clan. Elle jette la perturbation. Au fil des mois, peut-être des années, ces amis des deux sexes s'étaient adaptés les uns aux autres; ils avaient trouvé la bonne distance qu'il fallait entre chacun d'eux pour ne pas mettre en péril la cohésion du groupe. La jeune fille repoussait les avances d'un garçon trop amoureux, pour ne s'aliéner ni les autres garçons ni les autres filles. L'intimité entre les membres du clan n'était permise que jusqu'à un certain seuil, celui au-delà duquel l'amour sexuel risquait de se produire et de disloquer par l'action de la jalousie qui lui est inhérente, l'unité acquise. Le groupe comme tel étant animé d'un instinct de conservation aussi puissant que celui de tout être individuel, il était défendu à chacun des membres de subir l'influence trop fascinante d'un élément étranger. Or, voici que s'approche de l'un d'eux, d'un jeune homme par exemple, une femme très séduisante. Ce qui va se passer n'est pas difficile à imaginer : ou bien le groupe comme tel s'annexera la personne, mais en l'empêchant de séduire un membre particulier quelconque; ou bien il rejettera celui qui se sera laissé séduire par la personne inassimilable; ou enfin la lutte des mâles sera tellement violente que le groupe se désagrégera. De ces trois solutions, la première sera la plus difficile. C'est dire qu'à chacune des personnes du clan l'étrangère inspirera de la crainte : aux jeunes filles parce qu'elle risque de les détrôner, aux garçons parce qu'ils appréhendent une lutte serrée, au jeune homme le plus excité parce qu'il prévoit à la fois d'être rejeté par le groupe et d'être privé par la nouvelle venue de tous les avantages affectifs qu'il y trouvait.

Que ce soit à l'adolescence ou à l'âge adulte, l'être humain considère d'un œil m. .iant le (ou la) congénère extérieur qui s'engage sur son territoire. Cet intrus exerce une fascination particulière, car les stimulations érotiques qui en procèdent n'ont pas encore été émoussées par le temps. Mais c'est précisément de cette fascination que l'individu dont on viole le territoire se méfie le plus. N'est-ce pas le signal d'un processus d'expropriation qui obligera à renoncer en faveur de l'intrus (e) à l'ensemble des biens matériels et moraux dont on était le tranquille propriétaire ?

Si nous définissons le Moi psychique d'un individu comme l'ensemble organisé de ses désirs et de ses investissements affectifs dans le monde extérieur, nous pouvons dire que tout partenaire virtuel constitue, aux premiers signaux érotiques qu'il émet d'une manière délibérée ou involontaire, une menace à l'égard du Moi de l'individu à qui s'adressent ces signaux. Plus les signaux sont intenses, plus ils jettent le désarroi et mettent en danger l'équilibre psychique acquis par des années de travail et d'aménagement.

En conséquence, la stimulation érotique se trouve chargée, au départ, d'une valence agressive, qui explique l'attitude de prudente expectative chez celui qui la subit. Le novice qui n'a pas encore eu de relations sexuelles, autant que l'adulte tenté par de nouvelles aventures, attribuent aux personnes de l'autre sexe qui leur envoient des signaux érotiques une mesure déterminée d'hostilité. Les premiers pas sont-ils faits par l'homme, c'est la femme qui se cabre et à ses yeux l'hostilité deviendra un attribut masculin.

Sont-ils faits au contraire par la femme, c'est alors l'homme qui augmente sa prudence et tend à voir dans l'hostilité un attribut féminin.

C'est par une simplification hâtive que la psychologie traditionnelle, trop exclusivement informée des mœurs de la culture où elle est née, et peut-être trop gauchie par le tempérament des chercheurs eux-mêmes (longtemps, elle fut l'apanage d'hommes chez qui on peut imaginer que la rigueur de l'inhibition scientifique ne manqua pas de provoquer une nostalgie de la virilité), a attribué à l'homme une sexualité active et agressive, à la femme une sexualité passive et vite effarouchée. Nous connaissons aujourd'hui des peuplades où les rôles se trouvent inversés, les femmes étant habituées à prendre l'initiative de la conquête, les hommes attendant d'être choisis (Les *Chambuli* des îles du Sud) [1]. Il n'est pas jusque dans nos propres sociétés où nous ne rencontrions des femmes provocantes et des hommes passifs, et même des groupes où cette procédure est prise pour normale. Mais, quel que soit le sexe auquel est accordé le droit d'initiative, nous observons toujours que c'est le sexe auquel il est attribué qui apparaît comme le plus agressif. Tant il est vrai que l'émission de signaux érotiques, surtout quand elle est volontaire et insistante, comporte toujours une valeur agressive et produit chez celui qui enregistre ces signaux une inhibition proportionnelle à l'excitation.

[1] Margaret MEAD, *op. cit.*, p. 232 et sqq.

## 4.

Cette inhibition diminuera au fur et à mesure que le partenaire possible se révélera être quelqu'un de bienveillant. En se multipliant, les contacts viendront corriger les fausses perceptions, calmer les craintes non fondées. Ne sentant plus son territoire en danger, l'individu permettra à la personne d'où émane la stimulation érotique de s'approcher, il s'offrira à sa séduction et laissera tomber l'une après l'autre les barrières qu'il avait édifiées pour parer à toute attaque par surprise ou par envoûtement. L'inhibition diminuant de part et d'autre, la confiance de l'un ayant pour effet de fondre les résistances de l'autre par contagion, le couple se formera et finalement l'acte sexuel aura lieu.

Nous verrons dans les chapitres suivants toutes les étapes psychologiques que l'un et l'autre auront à parcourir pour arriver à l'acte charnel. Pour l'instant, prenons un couple qui a réussi ce parcours et qui connaît une vie sexuelle normale, par exemple des conjoints après les premiers mois d'accommodation réciproque. Et demandons-nous si entre ceux-là l'excitation érotique, chaque fois qu'elle réapparaît à la faveur des dispositions hormonales et des perceptions érotiques, est libre de toute inhibition. Dans les pages qui précèdent, il a été facile de montrer les obstacles intérieurs qui s'opposaient à l'excitation quand celle-ci procédait de personnes « proches et parentes » ou de personnes étrangères. Par contre, quand elle émane d'un être qui est à la fois familier et autorisé, qui n'est ni un étranger virtuellement dangereux, ni un partenaire défendu par la loi ou les coutumes — un conjoint remplit cette double condition — on pourrait croire que plus aucune inhibition ne joue. Mais s'il en était ainsi, l'analyse qui sera faite des étapes conduisant à l'accomplissement de l'acte charnel ne s'appliquerait d'aucune manière ni à des conjoints ni à des amants. Elle ne vaudrait que pour ceux qui, n'ayant pas encore eu d'expériences sexuelles prolongées, en sont encore aux phases préparatoires et aux travaux d'approche. Une fois arrivées à des rapports sexuels, ces personnes ne connaîtraient plus dans la suite aucun blocage de l'excitation en face du partenaire acquis.

Dans la réalité, ce n'est pas ainsi que les choses se passent. L'inhibition renaît à chaque nouvel émoi sexuel, bien que par la répétition des expériences avec une même personne elle diminue progressivement. Elle ne disparaît jamais tout à fait. Pour cela, il faudrait que les deux partenaires perdent définitivement leur individualité propre, que l'état d'indistinction, réalisé au moment de l'accomplissement de l'acte, subsiste même après le retour à la conscience claire. Mais ceci est une condition irréalisable. Le retour à la conscience claire signifie précisément une reprise de sa propre individualité distincte. Chaque membre du couple retrouve ses besoins particuliers, ses projets personnels, ses intérêts propres. Le Moi de chacun réapparaît avec le territoire et les investissements qui le constituent. État de séparation qui, en dehors de l'union sexuelle, est le sort normal des humains et dont il n'est possible de sortir qu'à des moments privilégiés, on pourrait dire des moments de grâce, une fois levées les différentes barrières constitutives du Moi.

Si elle est une source de biens inappréciables, la vie commune est aussi une cause de frictions. Elle révèle des défauts qui étaient restés camouflés pendant qu'on faisait ou qu'on se laissait faire la cour. Elle dévoile en chacun des exigences hors de proportion avec les besoins superficiels exprimés antérieurement. Avant la vie commune, les deux partenaires ne se connaissaient qu'à demi, et la moitié qu'ils connaissaient l'un de l'autre était la plus extérieure, celle qui remplit en chacun de nous les fonctions de façade et d'antichambre. Non qu'il y ait nécessairement eu une volonté de tricher et d'induire en erreur sur son propre compte. Mais pour que les désirs intimes de quelqu'un, ce qu'on pourrait appeler la seconde moitié de sa personnalité, deviennent palpables au toucher d'un autre, il faut du temps, une proximité de tous les instants, des minutes de vérité où sous la pression de quelque découragement ou de quelque colère longtemps réprimée, des besoins profonds de l'âme brillent dans un éclair. Ces conditions ne sont réalisées que par une vie commune prolongée. C'est à la faveur des surprises de celle-ci que par-delà les aspects extérieurs de la personnalité, par-delà les attitudes conventionnelles dictées par le devoir ou l'habitude se traduit le narcissisme primaire et fondamental de chaque membre du couple.

Dans une de ses pages les plus magnifiques, André Breton s'étonne avec sa noblesse habituelle de ce « sophisme qui consiste à présenter l'accomplissement de l'acte sexuel comme s'accompagnant nécessairement d'une chute de potentiel amoureux entre deux êtres, chute dont le retour les entraînerait progressivement à ne plus se suffire. Ainsi l'amour s'exposerait à se ruiner dans la mesure où il poursuit sa réalisation même. Une ombre descendrait plus dense sur la vie par blocs proportionnés à chaque nouvelle explosion de lumière. L'être, ici, serait appelé à perdre peu à peu son caractère électif pour un autre, il serait ramené contre son gré à son essence. Il s'éteindrait un jour, victime de son seul rayonnement. Le grand vol nuptial provoquerait la combustion plus ou moins lente d'un être aux yeux de l'autre, combustion au terme de laquelle, d'autres créatures pour chacun d'eux se parant de mystère et de charme, revenus à terre ils seraient libres d'un nouveau choix. Rien de plus insensible, de plus désolant que cette conception. Je n'en sais pas de plus répandue et, par là-même, de plus capable de donner l'idée de la grande pitié du monde actuel. Ainsi Juliette continuant à vivre ne serait pas toujours *plus* Juliette pour Roméo [1] ».

L'étonnement de Breton est le nôtre, mais celui-ci porte moins sur la *conception* que les gens se font de l'effet destructeur sur l'amour de l'accomplissement régulier des actes sexuels, que sur l'usure, *dans les faits*, du lien sentimental et sexuel qui unit deux êtres. S'il ne s'agissait que d'une conception, d'une théorie erronée! En vérité, cette théorie est le fidèle reflet de l'histoire de nombreux couples. C'est cela qui doit surprendre. Comment? Des êtres qui ont tout le loisir de se connaître, qui ont le temps d'étudier les ressorts les plus subtils du corps l'un de l'autre, qui peuvent, en toute apparence, trouver dans l'abandon l'un à l'autre des satisfactions sans équivalent sur le plan sensible, comment se fait-il que ces êtres ne tirent pas de chacune de ces satisfactions un resserrement du lien mutuel? Il y a là, semble-t-il, une terrible exception à la loi de psychologie générale qui veut que toute « récompense », toute satisfaction renforce le comportement qui y conduit et le lien à l'être auquel on la doit.

A juste titre, Breton se refuse à voir dans l'accoutumance l'explication de ce phénomène surprenant. Pour rejeter cette explication, il aurait pu alléguer l'exemple de tous les fins connaisseurs en quoi que ce soit. L'amateur de bons vins

---

[1] André BRETON, *L'amour fou*, Paris, Gallimard, 1937, p. 134-135.

apprécie-t-il moins le vin auquel son palais s'est habitué ? Certes, il y a le goût de la nouveauté, mais dans le domaine sexuel, les rapports avec une partenaire nouvelle ne peuvent être que très imparfaits et rester loin en deçà des rapports avec une partenaire en face de laquelle, l'habitude aidant, on peut laisser tomber toute fausse pudeur et dont on connaît, après une longue pratique, les particularités physiques et psychiques. Doit-on alors accuser les êtres humains de vivre dans l'illusion et de croire que dans les situations nouvelles, leurs satisfactions seront plus grandes ? Non, il est trop commode de faire appel aux mirages de l'imagination. La vérité, c'est que la satisfaction des besoins sexuels dans la vie commune, conjugale ou non, est chose difficile, quoi qu'en pensent tous ceux qui se font de la sexualité une conception simpliste et statique.

Quand la passion est née entre deux êtres, toute inhibition n'est pas encore tombée. Elle risque même de s'accentuer au fil des jours et des mois, rendant plus aléatoire l'abandon qui est nécessaire dans l'accomplissement de l'acte sexuel. Les partenaires restent sur leur appétit et comptent alors sur des événements nouveaux et extraordinaires pour retrouver la libre disposition de leurs corps. Évidemment, l'expérience du changement, s'ils la tentent, a l'air de leur donner raison. Ce qu'ils oublient, c'est qu'avec le nouveau partenaire, être perçu en surface, il n'est pas nécessaire de faire jouer les défenses profondes. Que la liaison dure plus longtemps, et on verra renaître les complications et les conflits qui rendaient difficile et peu gratifiante la relation dont on a cru bon de se dégager. Sans entrer dans des considérations morales qui échappent à la juridiction du psychologue, il est permis d'observer que beaucoup d'infidélités viennent d'une incapacité à résoudre le problème qui se pose tôt ou tard à n'importe quel couple, si amoureux soit-il et si bien assortis que soient ses membres : celui du narcissisme. Aussi longtemps que nous ne fréquentons les autres que par intervalles espacés et qu'en nous maintenant à bonne distance d'eux, par toutes les précautions de la politesse, non seulement nous supportons facilement ce qu'on appelle leurs petits côtés, mais bien plus nous ne voyons même pas certains de ces côtés, et en tout cas nous sommes loin de mesurer l'importance des exigences inconscientes qui se cachent derrière eux. Si dans certains éclairs de lucidité, les rêves narcissiques des autres se dévoilent à nos yeux, nous nous empressons, pour le bien de la vie sociale, de les oublier. Cette excellente habitude qui consiste à fermer les yeux sur les motivations secrètes des autres ou à les considérer comme sans gravité, il est plus difficile de l'acquérir avec les êtres qui nous sont proches.

Dans la vie commune ne se dévoilent pas seulement les qualités et les défauts réels de chacun. Ce ne serait là qu'une demi-difficulté. Ce qui y est plus grave, c'est la manifestation des désirs et des craintes que nous appelons « *fantasmatiques* » et qui donnent aux heurts inévitables de la vie quotidienne un caractère dramatique. La femme qui n'a pas renoncé, au fond d'elle-même, au vieux rêve infantile de toute-puissance séductrice, aura de la peine à tolérer la banalité de son mari, homme ordinaire parmi des hommes ordinaires, en dépit de toute la valeur sociale qu'il peut représenter. Aux yeux de l'homme qui continue de rêver pour lui à une virilité mythique, capable de subjuguer les femmes les plus rétives et les plus belles, le moindre signe d'autorité de l'épouse ou de la maîtresse apparaîtra comme un danger qui met en péril la supériorité dont il a besoin. Je ne dis pas que ces rêves, avec les désirs et les craintes imaginaires qu'ils impliquent, soient fort dangereux en eux-mêmes. Encore faut-il les exorciser et leur enlever le pouvoir de dramatiser les conflits de la vie réelle. Surtout au commencement d'une vie commune, ils ont pour effet de montrer chaque partenaire à l'autre sous un jour inquiétant. La révélation du narcissisme inconscient ne va jamais sans provoquer chez le spectateur une peur intense et peu contrôlable, peur qui mobilisera toutes ses forces défensives. Et voilà pourquoi en dépit des circonstances favorables à l'excitation érotique et à l'accomplissement sexuel, l'inhibition réapparaît ou se renforce.

De la part de personnes étrangères à notre vie, nous craignons, comme nous l'avons vu, des attaques mettant en danger l'intégrité de ce que j'ai appelé notre territoire matériel et moral, notre « Moi » avec l'ensemble des liens affectifs qui constituent son domaine. De la part d'un partenaire auquel on est lié depuis un certain temps, on craint les mêmes attaques, mais contre le cœur même de sa personnalité et sur la base d'alertes venant de la partie la plus inconsciente du partenaire et révélatrices du narcissisme qui y sévit en secret.

Breton déplore une espèce de combustion de l'amour, lequel se volatiliserait sous l'effet des actes sexuels, la banalité de ceux-ci enlevant au partenaire son mystère et son charme. A ce phénomène d'usure, il ne voit que deux remèdes : l'un de nature sociale et qui consisterait à laisser plus de libre choix aux individus intéressés et par là à donner plus de force à l'amour-passion en prévision des risques d'usure, le second de nature morale et qui viserait à supprimer « l'infâme idée chrétienne du péché », à donner aux jeux de l'amour une innocence absolue, de manière à ne plus en faire des obstacles à l'amour, mais des adjuvants sans cesse renouvelés. « L'amour réciproque, tel que je l'envisage, est un dispositif de miroirs qui me renvoient, sous les mille angles que peut prendre pour moi l'inconnu, l'image fidèle de celle que j'aime, toujours plus surprenante de divination de mon propre désir et plus dorée de vie [1] ». L'analyse de Breton et la médication psycho-sociale qu'il propose me paraissent incomplètes. Encore trop idéalistes

---

[1] André *Breton*, op. cit., pp. 136-137.

et trop romantiques à mon gré, elles méconnaissent la fragilité interne de l'acte sexuel, prêt à succomber à la moindre tension agressive qui peut se produire, surtout avec les progrès de la vie commune, entre les partenaires les plus passionnés.

Si un amour fragile au départ s'use rapidement au contact d'une sexualité chargée de sentiments de culpabilité, il faut dire aussi, en sens inverse, que l'acte sexuel, si peu coupable soit-il, est en lui-même chose fragile et sensible aux moindres secousses psychiques. Que les partenaires se soient choisis dans la plus grande liberté, qu'ils ne donnent à l'acte sexuel et aux jeux qui l'accompagnent aucune valeur de péché, il arrivera bien un jour où ils se trouveront placés en face du narcissisme l'un de l'autre et où ils devront trouver le moyen de l'exorciser, de le « dédramatiser » pour ne pas mettre en péril la perfection de leur abandon sexuel.

C'est probablement pour ne pas avoir réussi à passer ce cap que beaucoup de couples passionnés n'arrivent pas à maintenir vivace leur amour. Le narcissisme se révélant de l'un à l'autre, à l'occasion des menus faits de la vie quotidienne et en dépit de la surveillance qu'ils exercent sur leurs paroles et leurs attitudes, les partenaires se raidissent. Ils se sentent peu à peu obligés à se défendre l'un contre l'autre. Ils n'ont plus le même plaisir à se retrouver. Le charme de l'union disparaît. Et les rapports sexuels ne tardent pas à s'en ressentir : l'attitude défensive passe jusque dans le corps, au détriment de l'abandon réciproque. Insatisfaits, les partenaires cherchent ailleurs. Ni l'amour sentimental ni l'acte sexuel n'ont subi avec succès la terrible épreuve de la vie quotidienne. On comprend qu'en prévision de cette épreuve trop intolérable, certains amants souhaitent mourir dans les bras l'un de l'autre.

Pour que l'amour soit ce que veut Breton, « un dispositif de miroirs qui me renvoient l'image fidèle de celle que j'aime, toujours plus surprenante de divination de mon propre désir et plus dorée de vie », il faudrait supprimer les heurts quotidiens de la vie commune, et surtout les interprétations qu'on se donne de ceux-ci. Que de maris, quand ils rentrent chez eux, trouvent leur femme toujours plus surprenante, non de divination, mais de négation de leur propre désir. Ils la perçoivent non pas « plus dorée de vie », mais déprimée et révoltée contre la vie. Breton n'est pas à ce point naïf qu'il ignore cet état des choses. Simplement, il semble qu'il n'aperçoive pas la difficulté réelle, qui est, pour chaque partenaire, de ne pas s'effrayer ni de se cabrer devant le narcissisme et les craintes de l'autre, de les laisser pour ce qu'ils sont : des émanations fugitives et, la plupart du temps sans conséquence réelle, de l'imagination. Au lieu de cela, c'est souvent la défensive, ce qui augmente l'angoisse et le fossé entre les deux partenaires. Cercle infernal, puisque ce fossé multipliera à son tour les rêves narcissiques et que ceux-ci obligeront à augmenter encore la distance.

Est-il possible d'échapper à ce cercle et d'éviter l'échec? La difficulté est telle qu'on doit s'attendre à peu de réussites complètes, ce qui en fait ne décourage que le rêveur « perfectionniste », à la recherche d'un monde angélique. Quoi qu'il en soit du nombre de couples qui subissent avec succès l'épreuve de la vie commune, il est certain qu'il faut pour cela un ensemble de conditions et d'élaborations psychiques, en chacun des deux partenaires, qui les mette en mesure de supporter, bien plus, d'exploiter à des fins d'expression, de jeu et d'excitation, le narcissisme de l'autre. Que ces propos obscurs n'effraient point le lecteur, qui trouvera dans la suite de cet ouvrage la description des phases grâce auxquelles l'amour réussit à passer du narcissisme à une attitude plus « objectale ». Ce qu'il importe d'apercevoir pour le moment, c'est qu'à l'intérieur même de ce qui se présente en termes sociaux comme un couple, soit de conjoints unis par un mariage, soit d'amants dont la liaison est reconnue et admise, l'union psychologique n'est pas une donnée définitivement acquise et qu'elle a, pour se constituer et se renforcer, à lutter contre des inhibitions profondes. Inhibitions que n'arrive pas à entamer la simple autorisation sociale de vivre ensemble, et qui trouvent leur origine dans la perception, le plus souvent confuse, du narcissisme foncier du partenaire.

## 5.

Jusqu'ici, pour expliquer l'inhibition que rencontrent, chez tous les êtres humains, les débuts organiques de l'excitation sexuelle, il n'a été fait appel qu'à des facteurs qui tiennent à la situation actuelle des individus : soumission à des défenses sociales qui neutralisent dans le présent les stimulations érotiques en provenance des personnes « parentes »; protection du « Moi », du « territoire » contre les menaces d'intrusion et d'expropriation par des partenaires nouveaux et étrangers; et enfin raidissement devant les poussées narcissiques qui se révèlent périodiquement chez le partenaire auquel on se trouve lié depuis un certain temps. Toutes ces analyses font intervenir des variables qui appartiennent à la situation comme telle. Elles font abstraction de tout facteur qui tiendrait au passé des individus en présence. Aussi nous reste-t-il, pour comprendre toute la force et l'universalité du phénomène de l'inhibition, d'évoquer au moins dans les grandes lignes l'enfance et l'adolescence des humains, ces périodes de préparation qui peuvent être considérées comme la préhistoire de l'histoire sexuelle de chacun.

Ce qui nous amène inévitablement aux événements vécus pendant l'enfance, c'est précisément l'inhibition surprenante que nous venons d'observer chez des partenaires qui se connaissent et qui ont reçu formellement ou implicitement l'autorisation de vivre ensemble. Cette inhibition est tellement surprenante et inattendue que l'explication que j'en ai donnée, celle qui recourt au narcissisme latent de chacun des partenaires, paraît partielle et insuffisante. En cherchant davantage, le clinicien de la psychologie sexuelle découvre un autre facteur. Il constate que peu à peu, d'une manière très insensible, le conjoint ou la conjointe peut en arriver à voir dans son partenaire comme l'ombre d'un personnage de son enfance, sa mère ou son père.

Toute la vie commune prédispose l'individu à des assimilations de ce genre. Aux yeux du mari, la fiancée ou la maîtresse d'hier est maintenant une épouse, comme sa mère l'était de son père. Le mariage devenant fécond, elle devient une vraie mère, au point que, selon une habitude qui en dit long sur les processus d'assimilation, beaucoup de maris interpellent leur femme du nom que lui donnent les enfants : maman. Détail, dira-t-on, mais qui révèle au moins la propension des maris à s'identifier eux-mêmes à des enfants et à retrouver en leur épouse un substitut maternel.

La situation est-elle fort différente pour la femme à l'égard de l'homme? Plus complexe, elle répond à la même loi. Du jour où l'homme devient époux et père de famille, la femme l'assimile à son propre père. Mais, à un niveau plus profond encore, dans la mesure où son mari lui sourit, la taquine, la rassure, la caresse, tous comportements qui ont une signification maternelle, comme nous le verrons plus tard, la femme en arrivera parfois, sans s'en rendre compte bien entendu, à assimiler l'image de son mari à une image maternelle. A cette profondeur, la situation de la femme devant son mari est analogue à celle de l'homme devant sa femme : celle d'un être qui implore ou voudrait implorer d'un autre des gestes et des comportements de type maternel, mais qui s'attend toujours à une possibilité de refus.

Pour peu qu'il y ait assimilation inconsciente du partenaire à une image parentale, les inhibitions anciennes, celles auxquelles il a fallu procéder pendant l'enfance, redeviennent vivaces. Nous retrouvons ici l'interdiction fondamentale de l'inceste, contre laquelle l'individu n'a cessé de venir se heurter, pendant les années antérieures de sa vie, chaque fois que naissait un émoi sensuel dont l'objet était le père ou la mère. Assimilé à celle-ci ou à celui-là, la conjointe ou le conjoint prend l'aspect d'une chose interdite.

Nous nous sommes déjà étonnés à plusieurs reprises de constater que beaucoup de partenaires voyaient leur attrait réciproque diminuer avec le progrès de leur vie commune. A l'explication partielle que j'en ai donnée s'ajoute maintenant celle qu'on peut tirer de l'éducation, processus qui a consisté à remplacer une première intimité physique, celle du nouveau-né et de la mère, par une relation moins étroite, plus distante, celle de la familiarité. Alors, comme par une espèce de répétition fatidique, les individus, devenus adultes, reproduisent la séquence : intimité physique, puis simple familiarité. Aux premiers mois marqués par le plaisir intense, depuis longtemps oublié, d'un contact physique semblable à celui du nouveau-né dans les bras de sa mère succède une période où ces plaisirs retrouvés perdent de leur charme, comme par une espèce de sevrage spontané. Le résultat est que les partenaires vivent en bonne entente comme frère et sœur, comme des enfants avec leurs parents.

L'histoire de nombreux couples donne nettement l'impression d'avoir été comme la simple répétition de la séquence qui a marqué les débuts de notre vie : symbiose physique puis sevrage et séparation, pour ne laisser subsister qu'une familiarité située à mi-chemin entre l'intimité corporelle et l'amitié spirituelle. Dans la définition de cette familiarité, normale pour des enfants à l'égard des parents, nombre de partenaires se retrouvent, non sans regret ni sans souffrir de leur incapacité à dépasser ce stade et à obtenir une intimité plus profonde, nouvelle et inconnue, celle de la sexualité proprement dite.

D'où provient l'arrêt ? De toutes les interdictions anciennes qui avaient pour but d'empêcher la familiarité de dégénérer en sexualité. Tel est le premier sens, le plus obvie, des conflits œdipiens et préœdipiens dont nous parle la psychanalyse. Ce serait se méprendre sur leur signification que de les considérer comme des conflits issus d'une sexualité adulte, pleinement et normalement développée, comme si l'attachement du garçonnet à la mère, de la fillette au père était une tendance sexuelle franche, rencontrant l'opposition d'un rival à écarter, à tuer. Disons que pendant l'enfance, tous les conflits inhérents à la sexualité adulte se sont trouvés préfigurés et amorcés, mais surtout, que les tendances sexuelles y ont chaque fois été barrées d'une manière ou d'une autre, pour empêcher la cellule familiale de se fermer sur elle-même et de subir la domination sexuelle du père ou de la mère. A côté de gains très précieux, l'individu retire de son enfance un ensemble d'inhibitions intérieures.

Ce qui est propre à la croissance biologique de l'être humain, c'est qu'elle se fait dans un réseau familial serré dans les mailles duquel l'individu se débat avec plus ou moins de bonheur, en se construisant un ensemble d'attitudes positives et négatives avec lesquelles, inconsciemment et parfois aux dépens de l'adaptation, il abordera, adulte, les personnes de tout nouvel entourage. Tel est le poids du déterminisme psychologique. Au moment du processus de maturation autonome de ses organes sexuels, processus qui le pousserait, s'il n'y avait aucun obstacle, à des essais de rapprochement corporel, son psychisme n'est pas entièrement libre de tout sentiment favorable ou défavorable au sexe opposé comme tel. Des attitudes, fixées depuis longtemps, à la suite d'expériences tantôt gratifiantes, tantôt frustrantes, y existent qui font que ce psychisme n'est pas comme une chose vacante, disponible au profit du premier partenaire attirant. Bien plus, ces attitudes se compliquent d'images stéréotypées, nées de l'interprétation souvent partiale et subjective des comportements parentaux. C'est à travers ces images tenaces que l'individu voit les hommes et les femmes qui se présentent à lui. Bref, l'instinct sexuel ne se développe pas dans un milieu vide. Quand il apparaît franchement, à la faveur des transformations physiologiques de la puberté et de l'adolescence, il est comme aspiré par un système préétabli d'attitudes et d'images.

Ce n'est pas seulement le conjoint ou la conjointe que l'individu voit à travers l'image que, sur la base des comportements du père et de la mère il s'est faite de l'homme et de la femme en général. C'est tout partenaire possible s'approchant de lui qu'il revêt spontanément, sans délibération, des traits de l'un ou l'autre des personnages familiers de son enfance. Comme ceux-ci, en général, étaient interdicteurs, il se fait que les personnes qui y sont assimilées deviennent également interdictrices, surtout quand elles sont honorables, et dans la mesure précise où elles se prêtent facilement à cette assimilation.

C'est cela qui explique en partie que certains hommes s'autorisent à ressentir des émois et à accomplir des actes sexuels avec des femmes vulgaires ou dévergondées, lesquelles ne peuvent en aucune manière être assimilées à un idéal maternel, mais qu'ils sont paralysés, au point de vue sexuel, devant toute femme rappelant par un côté ou l'autre celle dans l'orbite de laquelle ils ont passé les années de leur enfance, mais sans pouvoir la convoiter.

Le système d'attitudes et d'images que nous héritons de notre enfance et qui détermine notre attitude spontanée à l'égard du sexe opposé, comme à l'égard du même sexe, il faut se garder de le mésestimer. Il n'est pas seulement, ni nécessairement, un obstacle à une bonne adaptation. Il a une fonction positive. L'humanité se révélant à nous par l'intermédiaire d'un père et d'une mère, homme et femme semblables en somme à tous les autres individus de l'espèce, la structure de nos relations avec eux peut servir à nous guider dans nos relations avec les autres êtres humains. Une bonne adaptation au milieu familial est de bon augure pour les futures adaptations adultes. Je ne veux donc pas dénigrer les effets de notre enfance. Si j'ai insisté sur les événements de celle-ci, sur les attitudes et les images qu'elle laisse dans notre corps, notre imagination et notre esprit, c'est moins pour le déplorer que pour attirer l'attention sur une des causes les plus importantes de l'inhibition spontanée que rencontre l'excitation érotique naissante. Dans le fond, cette inhibition n'a rien de désespéré, au moins dans l'histoire la plus courante des hommes. Bien au contraire, sans elle, l'excitation érotique amorcerait d'emblée le cycle du comportement sexuel, et celui-ci se déroulerait rapidement, sans difficulté comme sans joie particulière. C'est probablement d'une certaine tension entre l'excitation et l'inhibition que l'humanité tire le meilleur de ses qualités.

Au terme de cette analyse des causes d'inhibition auxquelles se heurte l'excitation érotique, on pourra m'adresser un certain nombre d'objections. La première qui vient à l'esprit a trait au caractère partial de mon analyse. Vous n'avez vu, dira-t-on, dans la situation psychique de l'individu subissant un attrait érotique, que les éléments négatifs, ceux qui viennent contrecarrer le développement spontané, dans l'organisme, de l'onde sexuelle. Vous n'avez pas tenu compte de la force ni des caractères de l'excitation érotique, véritable raz de marée qui souvent submerge l'individu et les digues successives dont il s'est entouré.

Ma réponse à cette première objection peut être brève. Si je me suis étendu sur la description des différentes et multiples causes d'inhibition, les unes profondes, les autres superficielles, ce n'est pas pour nier la puissance de l'excitation érotique, mais considérant que celle-ci est bien connue, j'ai tenu à signaler ce qui est le plus méconnu, à savoir le phénomène de l'inhibition. Est-ce un effet du narcissisme humain, mais les individus voient plus vite la force de leurs instincts que les freins qu'ils y mettent. Ils ont tendance à penser que les obstacles à une vie sexuelle normale leur sont tout à fait extérieurs et qu'ils n'entament en aucune manière la puissance élémentaire et toute positive de leur instinct sexuel. Ils ont de la peine à admettre que cette inhibition, issue des défenses sociales, des réticences réelles ou supposées du partenaire virtuel, s'installe à l'intérieur même de l'excitation érotique, non en la supprimant, mais en la pervertissant, dans un sens que nous allons voir bientôt. Les conflits de l'être humain, surtout au point de vue sexuel, ne se déroulent pas seulement dans cette région frontalière de soi-même, où il est en contact avec le monde extérieur. Ils ne sont pas simplement une lutte entre des forces intérieures, intactes et fraîches, et des ennemis du dehors, acharnés à les dominer. Ils se déroulent aussi en dedans de l'individu. Ses forces vives sont entamées par l'influence extérieure. C'est son organisme tout entier qui est sollicité à la fois par l'excitation érotique et par l'inhibition. Peut-être même, en plus des inhibitions d'origine extérieure que j'ai relevées, décèlera-t-on un jour dans le fonctionnement de l'appareil sexuel complexe des animaux supérieurs, le jeu combiné et antagoniste de mécanismes excitateurs et de mécanismes inhibiteurs. Une découverte de ce genre irait bien dans le sens de ce dualisme que la physiologie rencontre à tous les tournants de sa recherche : anabolisme et catabolisme, excitation sympathique et inhibition parasympathique, hormones stimulantes et hormones paralysantes.

La seconde objection qu'on peut faire à mon analyse des inhibitions est d'ordre méthodologique. Aviez-vous le droit, me demandera-t-on, de faire un sort si différent à l'excitation et à l'inhibition? Au sujet de la première, vous vous êtes contenté de supposer au départ une simple stimulation érotique, située au niveau purement organique et inconscient, tandis que pour rendre plausible l'inhibition, vous avez fait appel à des situations et à des faits psychologiques complexes (territoire moral et matériel, le « Moi », la perception du narcissisme d'autrui, etc...) qui supposent déjà toute une histoire. Mais ne faut-il pas observer aussi qu'une excitation érotique, dès qu'elle apparaît, se trouve déjà lestée de tout le poids de l'expérience passée de l'individu? Votre excitation érotique au niveau purement organique, c'est une abstraction, qui ne répond pas à la complexité des faits.

Oui, j'ai fait un sort différent à l'excitation et à l'inhibition. Ce que j'ai répondu à la première objection, je peux le reprendre ici, pour me justifier de l'avoir fait. Ce qu'il était important de montrer, au début de cette étude, ce n'étaient pas les diverses figures que peut prendre, chez l'individu, l'excitation érotique, mais les multiples causes qui obligent celle-ci à suspendre ses effets spontanés, à se camoufler et à se métamorphoser en de multiples figures. Sans le phénomène d'inhibition, l'excitation érotique n'aurait pas d'histoire, elle se limiterait à déclencher la chaîne des réactions spontanées, organiques, mais ne prendrait jamais les formes humaines complexes que nous lui connaissons. C'est pourquoi il importait tant de commencer par mettre en relief le phénomène de l'inhibition.

Je nie si peu la complexité des figures et des formes humaines de l'excitation érotique que tout le reste de cet ouvrage sera consacré à la compréhension de leur dynamisme. Encore fallait-il, pour rendre plausible l'élaboration psychique que subit chez l'être humain l'excitation érotique, expliquer pour quelles raisons celle-ci doit subir de telles métamorphoses avant d'aboutir à l'acte dont elle est l'amorce. Toutes ces raisons se résument d'un mot : l'inhibition.

Enfin, c'est de la même façon que je répondrais à celui qui me reprocherait, c'est la dernière objection que j'entrevois, que je n'ai tenu aucun compte de l'inhibition psychique inhérente à l'excitation érotique comme telle. En effet, beaucoup d'individus éprouvent celle-ci comme dangereuse, pour soi, pour autrui ou pour les deux. Ils perçoivent confusément en elle une espèce de dynamisme effrayant, qui une fois lâché détruirait l'individu qui en est la source et celui sur lequel il s'appliquerait. Je connais, bien entendu, cette image de la sexualité, force démoniaque. Mais tout le problème est de savoir comment cette image fantasmatique a pu naître, comment elle peut renaître sans cesse dans le psychisme humain. Encore une fois, sans le phénomène de l'inhibition, l'excitation érotique se déploierait librement, en des comportements plus ou moins automatiques, comme dans le monde animal, sans jamais prendre cette valeur démoniaque et dramatique qu'elle revêt chez certains individus, bien plus, chez tous à certaines phases du développement psychique.

Les transformations dynamiques que subit l'excitation érotique élémentaire sous la pression des inhibitions, voilà donc ce qui va nous occuper jusqu'à la fin de cet ouvrage. Par lui-même, celui-ci est un témoignage de la puissance incoercible que j'attribue à l'excitation érotique, phénomène vital qu'aucune défense ne parvient jamais à supprimer complètement, car il contourne les obstacles en prenant des formes inattendues et plus humaines.

# CHAPITRE DEUXIÈME

# SEXUALITÉ ET AGRESSIVITÉ :
# LE SCHÉMATISME PERVERS

Si pour le physiologiste, l'état d'excitation sexuelle consiste dans un ensemble de réactions neuro-humorales, celles-ci sont pour le psychologue les débuts imperceptibles d'une série de mouvements instinctifs qui conduiront l'animal à stimuler aussi intensément que possible un autre animal, à y produire par le frottement une vibration intense. Considéré au point de vue des deux partenaires à la fois, le terme des mouvements instinctifs propres à la sexualité réside dans une espèce de paroxisme vital, dont nous ne connaissons à vrai dire le caractère agréable que par l'analogie de notre expérience humaine. Comme il est permis de définir une chaîne réactionnelle par son terme final, nous pouvons voir dans les rapports sexuels, pris dans l'extension de leur déroulement, l'ensemble de tous les mouvements spécifiques par lesquels deux êtres particuliers se rapprochent, se touchent et se stimulent réciproquement jusqu'à un état paroxystique, synonyme de rajeunissement et pointe suprême de la tension vitale.

Il est indispensable, pour comprendre les étapes du cheminement sexuel, de poser, à titre d'hypothèse abstraite, la distinction d'une double série de mouvements dans les organismes vivants : d'une part, la chaîne réactionnelle conduisant à la paralysie, au morcellement et à la mort d'une proie ou d'un ennemi ; d'autre part, celle qui conduit à la stimulation rajeunissante et vitalisante d'une partenaire. La première chaîne donne le comportement agressif, la seconde le comportement sexuel. Les deux s'opposent par leur aboutissement : tantôt c'est une annihilation de la vie, tantôt par contre un paroxysme vital. Cette distinction, je viens de le dire, est abstraite et logique. Dans la réalité, les choses ne sont pas aussi clairement séparées. Nous allons voir qu'à la naissance de la vie sexuelle, précisément à cause des ambiguïtés et des contradictions de l'état d'excitation-inhibition, les deux chaînes réactionnelles s'enchevêtrent, au moins au niveau des premiers chaînons, créant ainsi ce que les psychologues ont appelé les tendances perverses, étrange et parfois effrayant mélange de sexualité et d'agressivité.

De nombreuses expériences, en laboratoire, ont montré que la frustration produisait de l'agressivité. Ainsi, on crée ou réveille un besoin chez des individus (souvent des enfants); on prive ensuite ce besoin de toute possibilité de satisfaction. Le résultat qu'on obtient est une augmentation notable des tendances destructrices. Chacun d'ailleurs connaît la réaction d'un chien affamé à qui successivement on présente puis retire un sucre : elle est violente; c'est une espèce de rage qui pousse l'animal à mordre ce qui se trouve à la portée de sa gueule.

Si je définis la frustration comme un état où l'individu est à la fois stimulé et inhibé, entraîné dans une direction, mais empêché de suivre cet entraînement, il faut bien admettre que sur le terrain sexuel, les êtres humains ont de nombreuses raisons d'être frustrés. Tout le chapitre précédent tend à montrer que l'excitation érotique, situation dynamique qui pousse l'individu à se rapprocher d'un congénère, commence par être barrée : le dynamisme dont elle est chargée ne peut se donner libre cours.

Mais, en se transformant, ce dynamisme change moins de direction que de signe. L'individu inhibé reste orienté sur la personne attirante, non plus pour la stimuler, la caresser et la conduire à un paroxysme de la sensibilité, mais pour l'attaquer, la brutaliser et même l'annihiler. Le dynamisme change de signe. De positif et favorable à l'individu attirant, il devient négatif et destructeur.

Gardons-nous cependant de croire qu'il y a un simple et franc remplacement du dynamisme érotique par un dynamisme entièrement nouveau, celui-là agressif et destructeur. L'agressivité qui apparaît alors n'est pas aussi pure, aussi nette, que celle qui habite l'individu quand il est appelé, seul ou avec d'autres, à défendre son territoire et ses biens. Loin d'être cette saine combativité adaptée aux dangers extérieurs réels, elle garde de son origine, l'excitation sexuelle barrée, quelque chose d'érotique. Elle se porte sur un congénère dont on a besoin. Ambivalence fondamentale qui fait que l'agressivité est érotique et l'excitation érotique, agressive. C'est cette confusion, presque organique, entre le dynamisme érotique et le dynamisme agressif, que j'appellerai le schématisme pervers.

Dans l'étude des perversions, c'est Freud qui fut le premier à ne pas se contenter de relevés descriptifs, mais à chercher une théorie explicative. Partant de la considération des déviations sexuelles et des névroses, il découvre d'abord que celles-ci recèlent toujours à l'état refoulé l'une ou l'autre de celles-là : *la névrose est le négatif de la perversion* [1]. Cherchant ensuite l'origine des perversions, il arrive tout de suite à l'enfant à qui, sur la foi des données psychanalytiques et d'une observation naïve de son comportement, il croit devoir attribuer une sexualité de nature perverse. C'est à quoi se rapporte la seconde expression fameuse des *Trois Essais sur la sexualité :* *le polymorphisme pervers de l'enfant.* Non que celui-ci

[1] S. FREUD, *Drei Abhandlungen zur Sexualtheorie*, G. W., Vol. V, p. 65.

se livre fatalement à des actes vicieux ou que ce qui est vice chez l'adulte le soit également ou de la même façon chez l'enfant. On a souvent mal lu l'étude de Freud, et on n'a pas assez aperçu la distinction qu'il fait entre une perversion effective, qui se traduit dans les actes, et une disposition — *eine Anlage, eine Veranlagung* — aux conduites perverses, disposition qui ne s'actualise que chez des enfants soumis à d'anormales influences séductrices. Ce qui appartient naturellement à l'enfant, c'est la disposition.

De ces thèses freudiennes, la première sur l'origine sexuelle des névroses, la seconde sur le caractère pervers de la sexualité infantile, je ne discuterai aucune : l'une relève de la psychiatrie, l'autre de la psychologie génétique; toutes les deux débordent donc le cadre de cette étude. Mais dans l'ouvrage de Freud, il est des énoncés généraux auxquels on ne prête d'habitude aucune attention, comme s'ils allaient de soi ou qu'ils n'aient aucune importance. Ainsi, à plusieurs reprises, souvent en conclusion d'une longue analyse, l'auteur affirme qu'il est impossible de ne pas voir dans la prédisposition à toutes les perversions « la caractéristique originelle et universelle de l'instinct sexuel humain », et dans une expression encore plus forte et plus concise, « l'humain comme tel et l'originel *(das allgemein Menschliche und Ursprüngliche)* »[1]. La traduction française de

---

[1] *Op. cit.,* p. 92.

Reverchon-Jouve édulcore le texte allemand : « On devra reconnaître que cette disposition à toutes les perversions est quelque chose de profond et de généralement humain [1] ». Non, l'auteur ne dit pas qu'il s'agit de « quelque chose » d'humain et d'originel. Il use d'un article défini. La prédisposition en question, c'est en quelque sorte l'humain et l'originel par excellence. Cela appartient au genre humain.

Tout revient au sens qu'il faut attribuer à : « *das Ursprüngliche* », l'originel. L'auteur, c'est du moins ainsi qu'on a l'habitude de l'interpréter, incline à donner au mot un sens génétique et donc chronologique. L'originel, c'est ce qui apparaît d'abord dans l'histoire de l'individu, pendant les phases préparatoires de son enfance. Et pourtant, les énoncés généraux de son texte laissent entrevoir une signification plus radicale, selon laquelle l'originel est ce qui est primitif, fondamental, ce qui apparaît en premier lieu quand apparaît le besoin sexuel, que ce soit dans l'enfance ou à l'âge adulte. D'après cette seconde acception, l'humain originel, dans le domaine de la sexualité, ce sont les manifestations premières de cet instinct, qu'elles soient amorcées ou non durant les premières années de la vie.

Je voudrais précisément, dans les pages qui viennent, montrer qu'il est légitime de considérer que la tendance aux perversions apparaît, sinon aux origines

---

[1] S. FREUD, *Trois essais sur la théorie de la sexualité*, trad. franç. de Reverchon-Jouve, Paris, Gallimard, 1962, p. 87.

de l'existence humaine, du moins à l'origine du dynamisme sexuel comme tel. Si la chose est démontrée, on pourra en conclure que les tendances perverses agissent aussi chez l'enfant, dans la mesure même où la sexualité s'y prépare. Mais nous étant mis d'accord sur l'objet de notre analyse, à savoir le développement de l'excitation érotique dans l'être physiologiquement adulte, nous négligerons partiellement les considérations génétiques, pour nous concentrer sur les premières figures que prend l'instinct sexuel normalement développé, quand il se trouve inhibé.

Ces premières figures présentent des traits démoniaques, s'il est vrai que le démoniaque se définit par un mélange inextricable de bien et de mal, l'un devenant l'autre, l'un ne se distinguant plus de l'autre. Dans la perversion en effet, qu'on appelle communément le vice, la tension érotique, bonne en soi, devient agressive, et les tensions agressives se chargent d'érotisme. Ce démoniaque, au plus profond du psychisme, il serait vain, pour ne pas dire dangereux, de s'en dissimuler l'existence derrière un voile d'illusions rassurantes. C'est à le reconnaître qu'on doit de s'en soucier et de l'exorciser.

## I.

Il est devenu classique de grouper les aberrations sexuelles en deux catégories, selon qu'elles s'écartent de l'acte sexuel normal par le caractère aberrant soit de l'objet attirant soit du but poursuivi. La première catégorie comprend les individus chez qui l'excitation érotique se produit à la vue non d'un partenaire de sexe opposé et adulte, mais d'une chose inanimée à forte valence érotique (fétichisme des cheveux, du pied, etc...), d'un enfant (pédérastie) ou d'un partenaire adulte de même sexe (homosexualité). La seconde catégorie comprend les individus qui cherchent et trouvent leur plaisir exclusif soit au niveau des muqueuses buccales, de l'orifice anal ou d'une partie quelconque du corps autre que la zone des organes génitaux, soit à se montrer dans leur nudité ou à voir celle des autres (exhibitionnisme et voyeurisme), soit enfin en se livrant à des cruautés sur soi ou sur le partenaire (masochisme et sadisme).

Laissons momentanément de côté la première catégorie des aberrations. Comme elle a trait à une erreur dans le choix spontané du partenaire, il est impossible de la comprendre tant que l'excitation érotique n'a pas subi assez de transformations internes pour être en mesure de se porter sur un objet quelconque, chose ou personne. Mais dès maintenant, nous pouvons prendre en considération la seconde catégorie.

A regarder celle-ci de près, on est tenté d'y faire une distinction fondamentale entre les aberrations qui viennent simplement du caractère érogène de chaque partie du corps, dans la mesure où elle est innervée, et celles qui supposent ce renversement des valeurs vitales qui consiste à chercher le plaisir dans la souffrance. A première vue, la distance est grande des unes aux autres. Tandis que toutes les excitations périphériques du corps s'insèrent naturellement, en guise de préparation, dans le cycle d'un comportement sexuel complet, on ne voit rien que d'anormal et que de pervers dans le plaisir érotique que certains trouvent à la cruauté.

Mais c'est là une distinction trop tranchée. Considérez-la de plus près et vous verrez qu'il n'est possible de la faire qu'à la lumière des termes d'évolution : on dit que les plaisirs partiels du corps sont moins anormaux puisqu'ils font partie des actes préliminaires à la copulation. Mais, ayant devant les yeux des formes franches de comportement sexuel, d'un côté des rapports normaux avec la mise à profit, dans un but de plaisir, de l'érogénéité générale du corps, de l'autre, des rapports sado-masochistes où la douleur devient plaisir, nous appliquons indûment cette différence aux origines de l'excitation sexuelle. En fait, la divergence existe au bout de la croissance sexuelle. A ses débuts, l'excitation érotique est plus indifférenciée : se localisant dans les parties non génitales du corps, elle est aussi chargée, par le fait même, d'agressivité et de sado-masochisme.

Ce que les théories psychanalytiques n'ont pas toujours réussi à mettre en valeur, c'est la signification fort différente que les plaisirs partiels du corps revêtent dans l'acte sexuel normal et achevé d'une part, et dans les débuts de l'évolution sexuelle d'autre part. Là où des partenaires adultes, une fois dissipée leur agressivité réciproque, se donnent l'un à l'autre, toutes les parties du corps interviennent positivement : chacun des deux êtres met sa bienveillance à animer, dans les limites de l'agréable, le corps de l'autre. L'érogénéité diffuse de l'organisme est utilisée à des fins d'amour. Mais c'est là un terme d'évolution qui a demandé une lente et profonde décantation de l'agressivité. Par contre, aux premières apparitions de l'excitation érotique, et à cause des inhibitions qu'elle rencontre, l'innervation du corps tout entier est telle qu'elle donne à l'excitation une signification agressive qu'elle n'a pas par elle-même. Au départ de l'évolution sexuelle, l'excitation semble se diffuser d'abord dans les parties du corps qui servent à la conservation de soi. Au terme de cette évolution, comme par une relation inverse, l'excitation érotique est assez forte pour imposer sa tonalité amoureuse à tout le reste du corps. Différence qualitative qui nous autorise à dire qu'aux débuts de la vie sexuelle tout au moins, l'érogénéité générale du corps se confond avec les tendances agressives, c'est-à-dire celles dont la persistance excessive, aux phases de développement ultérieures, donnerait des comportements sado-masochistes.

L'excitation érotique étant inhibée, on assiste à une espèce de déplacement : au lieu de se propager dans l'appareil génital, la tension se porte sur la périphérie du corps et en particulier sur les organes de la vie de relation et de la conservation de soi : bouche, yeux, orifice anal, musculature des membres. Ce qu'il importe de remarquer, c'est la fonction agressive ou défensive que jouent, indépendamment de l'excitation érotique, la plupart de ces organes et de ces muscles.

a) Pour le montrer, commençons par l'organe qui joue le rôle primordial dans la conservation de soi-même et qui détermine les premières formes de notre vie de relation avec le monde extérieur : *la bouche*. Il est remarquable que le concept le plus communément employé, tant en philosophie qu'en psychologie, pour désigner une tendance quelconque de l'individu est celui d'appétit. Ainsi, on parle d'appétit sexuel, comme si le ou la partenaire était d'abord une proie à maîtriser et à manger. Il est à noter aussi que l'acte de manger est l'acte destructeur par excellence. C'est pourquoi, en prenant une valeur d'oralité, l'excitation érotique se transforme en une tendance destructrice.

Que faites-vous alors, dira-t-on, du baiser, cet acte humain d'une grande délicatesse amoureuse? Oui, cet acte occupe une grande place, et une place positive, dans l'expression de l'amour entre les êtres, du moins à l'intérieur de notre société occidentale. Mais c'est à la condition d'avoir perdu sa valeur agressive de captation, de morsure et de destruction assimilatrice, de symboliser, par un de ces paradoxes admirables de la nature, le contraire de sa fonction naturelle, de signifier qu'on est prêt à nourrir l'autre, à lui servir d'aliment et de substance. Le baiser, c'est la victoire sur l'appétit destructeur. Par une audace propre à l'homme, il utilise l'organe premier de la démolition, de l'incorporation agressive, pour exprimer la subordination, la donation de soi à autrui. Mais ce renversement de la fonction naturelle est, répétons-le, un terme d'évolution. Au départ, la sexualité orale, c'est le besoin d'incorporation qui se trouve érotisé par l'influence sur l'organe buccal de l'excitation érotique initiale. C'est ce qui nous explique des phantasmes comme ceux qui assimilent le vagin féminin à une bouche et en fait un vagin denté, des peurs comme celle de mordre gravement, jusqu'au sang, un partenaire attirant, comme celle d'être mangé et annihilé par celui ou celle qui nous poursuit de ses assiduités.

b) La seconde fonction importante qui marque notre vie de relation avec le monde extérieur est celle qui consiste à rejeter de notre organisme les excréments, résidus des transformations physiologiques internes : urine et matières fécales. C'est saint Augustin, je crois, qui fut le premier à s'étonner que la fonction procréatrice se situât *inter urinam et faeces*. Mais il n'y a rien là de scandaleux. Le problème vient du fait qu'en raison de la proximité locale des organes, l'imagination humaine assimile une fonction à l'autre, favorisant ainsi la confusion originelle entre une sécrétion noble, à grande portée vitale, et une excrétion de substances mortes, condition indispensable pour la conservation de l'organisme. Remarquons que cette excrétion est un comportement agressif, non seulement parce qu'elle a fait, pendant la petite enfance, l'objet d'une sévère réglementation de la part des adultes, mais aussi parce qu'elle consiste à rejeter quelque chose hors de soi, comme n'ayant plus aucune valeur vitale. D'où la dépréciation qui consiste à traiter quelqu'un d'ordure. C'est lui signifier qu'il n'est rien en nous sinon une chose qu'il faut évacuer au plus vite sous peine d'étouffer et de mourir. D'où aussi le mépris qui se manifeste à couvrir quelqu'un, ne serait-ce que symboliquement, par un substitut verbal, de ces substances dont l'individu a un intérêt vital à se débarrasser. Analysez le langage et vous constaterez que toutes les attitudes de rejet s'expriment en termes d'évacuation, que ce soit sous la forme du vomissement, de la miction ou de la défécation. L'excitation érotique se diffusant *inter urinam et faeces*, on comprend qu'elle prenne une signification agressive, ordurière et répugnante.

En général, l'observation clinique montre que plus les relations de quelqu'un avec le sexe opposé sont imprégnées d'hostilité, plus sa sexualité sera anale, s'exprimant par des images qui symbolisent en termes d'excrétion aussi bien l'émission spermatique pour l'homme que la mise au monde d'un enfant pour la femme.

Il serait trop long de décrire ici toutes les complications psychiques qui viennent de la confusion, au début de la vie sexuelle, entre la fonction procréatrice et l'excrétion. Qu'il me suffise de signaler dès maintenant que la pleine maturité psychologique, dans le secteur sexuel, réside dans l'aptitude, non seulement logique, mais encore affective et émotionnelle, à distinguer les cellules vitales et la conjonction charnelle, des excrétions et de leur évacuation hors de l'organisme. Tant que cette différenciation ne s'opère pas spontanément, les événements sexuels gardent quelque chose de leur proximité locale avec la miction et la défécation et impliquent ainsi la composante agresssive qui est inhérente à la conservation de la vie par élimination des substances mortes.

Les comportements qui aboutissent à l'incorporation de substances alimentaires, et ceux qui déterminent l'excrétion des résidus physiologiques appartiennent les uns et les autres à la classe des conduites de subsistance. Et celles-ci sont la forme essentielle que prend la lutte pour la vie. Les mêler au plaisir revient donc à donner à celui-ci une valeur « agonistique ». En s'érotisant, les mouvements instinctifs liés à la conservation de soi cessent pour un moment leur rôle fonctionnel, pour assumer celui qui consiste à procurer le plaisir gratuit de l'excitation et de la détente. Mais ainsi, par un retour inévitable des choses, ils donnent à la sexualité la tonalité agressive qui leur appartient en propre.

c) Il faut en dire tout autant d'une autre fonction vitale : *la vue*. Dans l'ordre normal de croissance, la vision n'est-elle pas d'abord au service de la bouche? Par elle, l'animal discerne parmi les êtres de son espace vital, ceux qui risquent d'attenter à son existence ou à ses aliments, et parmi les choses de cet espace, celles qui peuvent lui servir de nourriture.

Si l'odorat, ce sens dont la psychologie sexuelle a jusqu'ici fait trop peu de cas, est selon toute vraisemblance lié davantage au besoin de contact avec des partenaires de la même espèce, la vision semble, elle, plus subordonnée à l'instinct de défense. Être vigilant, être en éveil, aux aguets, fixer son attention, garder l'œil ouvert, fureter et chercher du regard, toutes ces attitudes se rapportent à un exercice de la vue orienté vers la découverte de la nourriture ou la défense contre des ennemis cachés. Ce n'est que secondairement et à la suite de stimulations olfactives que la vue semble jouer un rôle dans la recherche d'un partenaire et de ses organes génitaux. Il est d'ailleurs significatif pour la détermination du rôle spécifique des yeux que dans les rapports sexuels, ils se ferment spontanément, au moment où l'onde érotique devient intense, comme si, en les fermant, on supprimait du même coup toute défense et toute distance.

Ce n'est qu'au bord de l'acte sexuel, quand les principaux obstacles sont tombés, que le regard devient langoureux et favorise l'attitude d'abandon : les yeux restent juste assez ouverts pour suggérer un acte qui les fasse se fermer au profit d'une jouissance interne, située au niveau des organes sexuels. Le clin d'œil est la forme socialisée et banale de cet appel à l'acte sexuel par le moyen du regard. En lui comme dans les formes plus vivantes et plus expressives de la séduction, les yeux cherchent à exprimer qu'on est disposé à se départir de tout acte défensif ou offensif, et pour cela, ils se laissent aller, ils se détendent, prêts à renoncer à leur fonction habituelle. C'est que naturellement leur tension est liée à la conservation de soi, à la défense du territoire et des biens, à la chasse alimentaire. En faisant semblant de les fermer, en les laissant chavirer, on exprime l'abandon, l'un vis-à-vis de l'autre, de la lutte vitale individualiste.

Dans le voyeurisme, le regard est et reste tendu. Il cherche la proie sexuelle. Il la fixe pour la paralyser. A proprement parler, le voyeurisme est un phénomène de transition. De la chasse alimentaire, les yeux passent à la chasse sexuelle. Dans cet état intermédiaire, le regard est à la fois fixé sur l'extérieur et retenu par un désir de jouissance interne, qui demande le retrait du monde. Écartèlement organique qui donne au visage des voyeurs ce quelque chose d'ambigu et de monstrueux qui est la marque de la perversion.

L'exhibitionnisme est le corrélat actif du voyeurisme. Il est aussi agressif que lui. C'est le moyen de créer chez un spectateur, souvent méprisé ou honni, un état de malaise érotique. Dans cette présentation du corps à un étranger ou à un inconnu, on dira à juste titre qu'il y a une certaine brutalité, ne serait-ce que par l'avidité sexuelle que l'on prend plaisir à provoquer, et où se mélangent l'appétit destructeur et le besoin de jouissance

Dans un rapport sexuel qui termine heureusement une période d'accommodation réciproque, le regard joue un rôle important d'excitation. Il a perdu alors cette composante agressive qu'il tient de ses premières fonctions à l'intérieur du cycle de l'instinct de conservation et d'appropriation. Mais dans les premiers moments de l'excitation érotique, il établit une relation du genre voyeuriste-exhibitionniste, du fait qu'au besoin sexuel se mêle inévitablement une tendance à des conduites d'appropriation.

Entre des partenaires mal unis, les périodes de séparation sont également des périodes où le regard redevient d'un érotisme agressif, où la relation reprend l'allure exhibitionniste et voyeuriste des débuts de la vie sexuelle.

Sur quoi porte ce regard chargé d'avidité? Naturellement sur les organes de la reproduction : phallus et vulve. Nous trouvons ici une première explication de ce que la psychanalyse a nommé le complexe de castration. Le regard porté sur les organes sexuels du partenaire étant avide, gardant de ses fonctions primaires l'agressivité propre à l'instinct de conservation et d'appropriation, le partenaire se sent en danger et craint en particulier les atteintes à l'intégrité des organes visés. Pour rendre compte de cette peur, il n'est pas nécessaire d'en appeler tout de suite à des menaces de castration anciennes et réelles. L'attitude agressive, les regards concupiscents des partenaires entre eux, voilà qui suffit à expliquer que l'individu se sente vaguement menacé dans ses parties intimes. Sans doute, l'enfance a connu de ces émois craintifs du fait qu'elle a éprouvé des émois sexuels. Mais la peur est liée comme telle à l'éveil de la sexualité. Elle est la réponse naturelle à la sexualité, dans la mesure où celle-ci se diffuse d'abord dans les organes de la conservation et de l'appropriation, acquérant ainsi une tonalité agressive dont elle mettra du temps à se débarrasser.

De cette crainte à l'endroit des organes sexuels propres naît une surestimation de leur valeur qui explique la plupart des pratiques masturbatoires compulsionnelles chez ceux que la force des choses ou la sévérité des inhibitions intérieures empêche de conduire l'excitation érotique jusqu'à son aboutissement normal et satisfaisant. Mais quel que soit le sort réservé finalement à l'excitation érotique, elle passe toujours par une phase où les organes sexuels sont l'objet de soins particuliers, de la part de soi-même ou du partenaire. Soins destinés d'abord à apaiser les craintes issues d'une sexualité initialement agressive, ensuite à augmenter l'excitation en vue du paroxysme final.

d) La transformation de l'excitation érotique dans un sens agressif tend encore à se faire au niveau des *muscles* qui interviennent dans la vie de relation pour écarter un rival ou immobiliser un partenaire récalcitrant.

Comme le partenaire naturellement attirant peut être retenu jalousement ou poursuivi simultanément par d'autres individus, il faut, pour le conquérir et le posséder, se préparer à une certaine lutte. L'aventure sexuelle ne se joue jamais entre deux individus, mâle et femelle, isolés du reste du monde. Elle se déroule dans une situation triangulaire. En même temps qu'un mâle s'approche d'une femelle, il doit se préparer à écarter tout rival aux prétentions identiques. La description des mœurs animales fourmille d'exemples de lutte entre partenaires de même sexe. Résumant ses observations sur les conduites sexuelles et les conduites de combat chez les animaux, Tinbergen insiste sur la connexion qui existe souvent entre elles : quand un individu se trouve dans son territoire au voisinage d'une femelle, il est stimulé à attaquer tout individu quelconque présentant les caractéristiques d'un rival [1]. En général, « des structures manifestes qui agissent comme menace servent en même temps à attirer la femelle » [2]. Analysant le comportement sexuel d'une espèce de mouettes — *the herring gull* — Tinbergen note que le premier signe des débuts de l'excitation sexuelle est une agressivité à l'égard des autres individus [3].

[1] N. TINBERGEN, *The Study of Instinct*, Oxford, Clarendon, 1955, p. 177.
[2] *Op. cit.*, p. 182.
[3] N. TINBERGEN, *The Herring Gull's World*, Londres, Collins, 2e éd., 1960, p. 121.

Bien plus, chez les oiseaux-chanteurs, il a observé une connexion plus étroite encore : le chant du mâle sert en même temps à attirer les femelles de loin et à écarter les autres mâles [1]. Dans la mesure où une espèce animale connaît la compétition pour la conquête des partenaires sexuels, la moindre stimulation érotique semble déclencher simultanément les mouvements de rapprochement, propres à la sexualité, et les mouvements d'écartement de valeur agressive. Elle semble créer dans l'organisme un état de surexcitation qui est aussi érotique qu'agressif.

Sur un plan logique ou rationnel, il faudrait supposer, au moins chez les humains, que les mouvements agressifs se porteront sur les rivaux, les mouvements érotiques sur le partenaire excitant. Mais cette discrimination suppose une perception différenciée. Au départ de l'aventure, l'organisme ne fait pas la discrimination, il est comme un circuit fermé sur les différences extérieures et dans lequel se renforcent par une action réciproque, comme en vase clos, les tendances érotiques et les tendances agressives.

Au surplus, le mouvement de rapprochement ne va pas lui-même sans une certaine agressivité. Le partenaire poursuivi risque toujours, pour certaines raisons biologiques ou psychiques, de se défendre par la fuite. Aussi l'individu excité développera les

---

[1] N. TINBERGEN, The Study of Instinct, p. 178.

mouvements qui seront de nature à empêcher cette dérobade, et qui relèvent des fonctions agressives de la vie de relation. Il y faut l'intervention plus ou moins brutale des membres de la préhension et de l'immobilisation : jambes, bras et mains. Si la résistance du partenaire persiste en dépit de la maîtrise physique, l'acte sexuel sera un viol, forme extrême de la sexualité agressive. Si elle cède, les mouvements deviennent plus doux, se transforment en caresses de manière à obtenir une tension générale de l'organisme, mais surtout une tension des muscles pelviens, de nature à faciliter la copulation.

En conclusion, c'est dans la mesure où les individus, en dépit des signaux érotiques qui en émanent, restent séparés les uns des autres par toutes les distances de la vie sociale et de leur individualisme, que l'excitation érotique se confond avec une excitation des organes agressifs de la vie de relation : organes d'assimilation, d'excrétion, de fascination, d'écartement et d'immobilisation. Les choses se passent comme si l'excitation érotique, pour aboutir à ses fins et écarter tous les obstacles qui s'opposent à son épanouissement, devait au préalable se servir de tout l'appareil agressif de l'organisme.

N'est-ce là qu'une hypothèse gratuite ? Sans doute, jusqu'à ce jour, la physiologie nerveuse nous apporte peu de preuves en sa faveur. Mais elle ne semble pas la contredire. En attendant des recherches plus approfondies et plus nuancées dans le domaine de la physiologie sexuelle, nous devons faire crédit aux données convergentes de l'éthologie, science des mœurs animales, et de la psychanalyse, science des mouvements psychiques. Or, d'un côté, on insiste sur la fréquence d'activités de déplacement *(displacement activities)* où se mêlent souvent des chaînes de réaction opposées. De l'autre, on fait état de nombreux phantasmes dans lesquels les tendances érotiques prennent des allures d'agressivité orale, anale, visuelle ou musculaire. Pour ma part, j'ai tenté de rendre plausible l'hypothèse de ce schématisme pervers initial, mélange d'érotisme et d'agressivité, issu des obstacles que rencontre l'excitation sexuelle primitive.

Cela signifie en fait qu'au début de la vie sexuelle, le rapport qui unit les individus d'une même espèce est double et ambigu. D'une part, circulent entre eux des signaux érotiques naturels, d'autre part les oppose un individualisme, fait de tous les instincts de défense et de conservation de soi. La confusion des deux aspects de la relation donne la sexualité agressive. Pour autant que celle-ci reste telle quelle, incapable d'évoluer vers des aménagements psychiques supérieurs, plus satisfaisants au point de vue de l'espèce et de l'individu, elle s'exprimera en des actes où l'agressivité sera source de plaisir. Elle se clivera alors, comme toutes les relations humaines, en un rapport asymétrique où l'un des partenaires jouera le rôle actif et sera l'agent sadique et l'autre se contentera du rôle passif et sera la victime masochiste. Mais dans une évolution normale, le fond sado-masochiste de la sexualité se transformera pour faire place finalement à un rapport où la sexualité l'emportera sur l'agressivité, chacun des partenaires cherchant à intensifier le plaisir de l'autre et utilisant alors à cette fin positive toutes les ressources de la sensibilité organique.

2.

Quoique placés souvent dans l'état d'excitation-inhibition, tous les humains adultes ne deviennent pas des pervers. C'est pourquoi il faut parler seulement de tendances perverses. Chez certains, ces tendances passent à l'acte ou déterminent un comportement réel, soit qu'elles sont plus impérieuses, soit que les circonstances s'y prêtent. Mais chez la plupart, elles n'ont pas le temps de se traduire dans la réalité, refoulées qu'elles sont par un travail psychique qu'il faudra décrire bientôt.

C'est pour laisser la place qui revient aux différences individuelles que j'ai employé le terme de *schématisme pervers*. L'état d'excitation-inhibition ne conduit pas nécessairement à des conduites perverses, mais il active un schématisme latent. Il produit à l'intérieur de l'organisme des schèmes d'action qui, dans les plus mauvaises conditions, se développent tels quels et aboutissent à des comportements effectifs appelés perversions ou vices, mais qui dans les conditions normales seront inhibés à leur tour, comme l'excitation érotique initiale.

Ces schèmes d'action pervers varient d'un individu à l'autre. Chez un tel domine le schématisme oral : l'excitation érotique aura tendance à se traduire par des mouvements agressifs d'incorporation. Un autre possède plutôt le schématisme anal : l'excitation érotique se localisera dans la sensibilité et la musculature de la défécation et de la miction. Chez un autre encore, nous trouverons la prédominance du schématisme de la rivalité : l'excitation érotique sera étroitement liée au désir d'écartement qui porte sur un rival ou une rivale. C'est sans doute en raison d'éléments constitutionnels et de péripéties traumatisantes dans l'enfance, que les individus portent en eux, à l'âge adulte, tel schéma plutôt que tel autre.

Il revient à la psychiatrie et à la psychopathologie d'étudier les cas où un schème d'action pervers est à ce point contraignant qu'il conduit à des comportements qui lui soient conformes. C'est le chapitre important et difficile des perversions. Nous n'avons pas à l'entamer, étant donné notre propos initial : décrire le déroulement normal du rapprochement sexuel. Mais, dans cette ligne de recherche, la perversion ne doit pas nous rester tout à fait étrangère. Elle est en effet présente dans l'évolution normale comme une menace permanente, plus ou moins bien conjurée.

Pourquoi et comment l'individu écarte-t-il cette menace? Pour quels motifs et de quelle manière neutralise-t-il l'effet du schème d'action pervers, suscité en lui par l'état d'excitation-inhibition?

Je vois au fait de l'inhibition du schématisme pervers deux raisons principales. D'une part, sollicité qu'il est par des mouvements contradictoires, ceux de l'annihilation agressive et ceux de la stimulation érotique, l'organisme doit éprouver sans doute un malaise insupportable, source d'angoisse. Aussi cherchera-t-il, dans toute la mesure de ses possibilités constitutionnelles, une autre issue. Et ce ne sera que dans l'hypothèse d'une réduction anormale de ces possibilités qu'il se déchargera de la tension intolérable par des actions perverses effectives. D'autre part, le schème d'action pervers impliquant un élément agressif intense, l'individu craint la revanche du partenaire sur lequel il serait tenté de l'appliquer. Convaincu qu'à l'agression répond toujours une agression inverse, il fera subir à ses tendances perverses le même sort qu'il a dû s'accoutumer à imposer à ses mouvements d'humeur hostile : en suspendre les effets.

Comment s'y prendra-t-il? Assurément, il ne lui suffira pas de fuir les êtres dont émane l'excitation érotique. Sans compter qu'une fuite de ce genre est à peu près impossible, l'individu rencontrant partout des congénères, elle le priverait de tous les avantages de la vie sociale. Le problème est donc d'annuler l'action érotisante des partenaires virtuels sans les fuir, ce qui ne peut se faire que par une élaboration intérieure du schématisme pervers. Il s'agira moins de s'écarter des autres que de mater les impulsions perverses.

Si l'individu était capable d'organiser d'une manière rationnelle tous les mouvements de son organisme, il veillerait, devant un partenaire sexuel excitant, à séparer sur le champ les mouvements agressifs des mouvements érotiques, pour ne retenir que les derniers. Mais l'être humain ne dispose pas de la souveraineté absolue sur soi-même et ses impulsions. Surtout au début de la vie sexuelle, sa raison est trop peu clairvoyante pour discerner l'érotique de l'agressif. Les premiers émois sexuels éveillent en lui des schèmes d'action qui ressemblent plus à des remous qu'à des vrais mouvements. Dans ces remous, dans ce fameux « trouble » des amours naissantes, il y a autant d'agressivité que d'amour, et il est difficile, pour ne pas dire impossible, d'y faire le départ entre ce qui est bon et mauvais.

La sagesse populaire conseille d'éviter la tentation, en fuyant les personnes aux conduites trop érotiques. Mais tout congénère peut devenir un évocateur sexuel et jeter le trouble dans l'organisme hormonalement sensibilisé aux excitants extérieurs. La fuite n'étant pas une solution pour toutes les circonstances, l'organisme n'a plus qu'à se rendre insensible aux appels érotiques extérieurs. Ce qui s'appelle désexualiser autrui ou opérer un retrait libidinal devant les sollicitations, conscientes ou inconscientes, des partenaires virtuels.

Le moyen le plus simple sera de changer le point d'application de l'impulsion. Au lieu de la diriger sur les personnes à qui l'organisme doit son état d'excitation-inhibition, mais qu'il serait funeste d'agresser érotiquement, l'individu l'oriente vers des choses plus inoffensives : phénomène de déplacement ou de substitution, dans lequel il faut voir un des mécanismes de défense les plus élémentaires dont dispose l'homme. L'impulsion perverse se réalise en des actes qui portent, non plus sur son objet propre et spécifique, mais sur des objets présentant quelque analogie ou affinité avec lui. Pour illustrer ce mécanisme, on en revient spontanément aux enfants et à leur cruauté. La fourmi, le chat, le chien, la poupée et beaucoup d'autres objets sont des victimes de remplacement et reçoivent les coups qu'il n'est pas possible de donner au père, à la mère ou à quelqu'autre membre de la famille. Mais ce serait faire preuve d'un aveuglement d'adulte que de réserver ces phénomènes aux enfants ou de les attribuer exclusivement, quand ils apparaissent en nous, adultes, à l'influence contraignante de notre enfance. Il est plus vrai de reconnaître que l'état d'excitation-inhibition sexuelle provoque par lui-même une apparition d'impulsions perverses que l'adulte camoufle en les détournant de leur cours naturel, sur des idées, des partis politiques, des institutions, en un mot sur des ennemis impersonnels et inoffensifs, véritables poupées d'adulte et victimes de remplacement. Certes, pour expliquer le vandalisme moral, parfois physique, des grandes personnes, il serait simpliste d'en appeler exclusivement à un état d'insatisfaction sexuelle et au mécanisme de déplacement. Mais l'observation clinique y décèle entre autres éléments cette composante perverse.

C'est cette faculté de déplacement, marque frappante de la plasticité de l'être humain, qui explique bon nombre des comportements inattendus que nous pouvons observer chez tel amoureux, au moment de l'éclosion de sa passion. On s'attendrait de sa part à des témoignages de sympathie à l'égard de tout ce qui touche à la personne dont il poursuit l'amour. Ainsi, il serait normal de l'entendre, auprès d'elle, vanter la famille à laquelle elle appartient. Pourtant non, les choses ne se déroulent pas aussi sereinement. Souvent, ce ne sont que des critiques à l'égard de sa mère, de son père, de ses frères et de ses sœurs. Ne faut-il voir dans cette agressivité qu'une manifestation du désir de l'arracher à son entourage, une réponse à l'instinct de propriété qu'il devinerait dans la famille, comme si celle-ci lui refusait, à lui étranger, un de ses membres? Si le seul mobile de l'amoureux était d'obtenir la personne désirée, il s'y prendrait autrement, plus habilement, en stimulant plutôt la générosité de ceux dont elle dépend. En vérité, ce qu'il fait relève d'un mécanisme de déplacement : l'agressivité érotique se détourne de son objet naturel, la personne désirée, et se dirige sur les êtres de son entourage qu'il est possible d'attaquer sans coup férir. Déplacement d'autant plus facile et d'autant moins dangereux qu'il peut souvent compter sur la complicité des propres tendances agressives et érotiques de la personne aimée à l'égard des membres de sa famille.

Un cas de déplacement mérite une attention particulière. C'est celui où l'individu tourne contre soi-même les tendances qu'il ne peut diriger sur la personne. Ici, il ne choisit plus dans le monde extérieur un objet inoffensif qui puisse avantageusement et sans danger remplacer l'objet spécifique de la tendance. Il choisit son propre corps pour en faire l'objet ou le point d'application de son action perverse. Dans l'existence humaine, la première manifestation de ce phénomène de retournement sur soi est bien connue : l'enfant, privé du sein maternel, cherche à combler son besoin d'incorporation en découvrant un substitut du sein dans une partie de son corps, son pouce par exemple. Quand il s'agit de tendances perverses, activées à l'âge adulte, ce déplacement sur soi est plus complexe, mais présente une structure identique.

Ainsi un sadisme initial peut virer en un masochisme secondaire : la cruauté érotique sera recherchée non plus sur la personne, objet d'amour, mais sur soi-même; on prendra du plaisir à se faire souffrir. Dans cette catégorie de comportements rentrent un certain nombre de ces auto-mutilations qui s'observent chez des enfants comme chez des adultes. Certaines masturbations d'adulte représentent souvent une conduite de succion érotique, réfléchie sur le corps propre. Enfin, il n'est pas jusqu'aux tendances perverses de pénétration anale qui ne puissent, une fois barrées, se retourner sur l'individu lui-même et devenir un besoin d'être soi-même pénétré par voie anale.

Cet auto-érotisme pervers risque d'apparaître aux commencements de la vie sexuelle, ou même plus tard, quand elle est insatisfaisante. Sous l'effet de l'excitation sexuelle, l'individu se masturbe ou se torture au sens physique ou moral. Pour empêcher le schème pervers activé en lui par l'état d'excitation-inhibition de s'appliquer au corps d'autrui, objet naturel de l'attraction érotique, il substitue, par mesure de sécurité, son propre corps à celui de l'autre et exécute sur lui, dans une solitude qui le fait échapper à toute condamnation, les mouvements d'excitation érotique qu'il ne peut accomplir sur autrui. Tour subtil et instinctif qui lui permet, sans renoncer aux actes pervers, de ne pas les consommer sur un corps étranger, lequel s'en serait effrayé et se serait empressé d'y échapper par la fuite ou par une contre-offensive violente, deux réponses qui constitueraient l'une et l'autre un échec que l'individu cherche à éviter.

Que l'objet spécifique de la tendance perverse soit remplacé par le corps propre de l'individu dans le cas du retournement sur soi-même ou par un autre objet extérieur, animal ou chose, dans le cas du simple déplacement, il faut remarquer que ces mécanismes ont ceci de commun qu'ils permettent une action perverse réelle. Dans ces conduites détournées de leur objet spécifique, le schème pervers ne subit pas une réelle élaboration intérieure; il se développe en action; il se traduit dans la réalité. Le progrès, s'il faut entendre par là un contrôle et une purification du schématisme pervers, est minime. Sans doute, l'objet spécifique ne subit pas d'attaque érotique, mais il y a tout de même des victimes réelles : des choses matérielles ou morales détruites, dans le cas du vandalisme d'enfant ou d'adulte; des personnes indirectement attaquées, dans le cas d'une critique amère de ce qui touche à la personne aimée; le corps ou la personnalité propre, dans le cas du masochisme physique ou moral. Au niveau d'évolution où nous sommes maintenant, le schématisme pervers reste dangereux puisque, une fois réactivé, il amorce toute la chaîne réactionnelle dans laquelle, ainsi que nous l'avons vu plus haut, se trouvent mélangés des comportements de stimulation et de destruction.

Les parents s'en rendent compte qui s'alarment de voir leur enfant persister dans des conduites destructrices, dirigées sur ses jouets ou sur lui-même.

Dès qu'ils s'en aperçoivent, ils ne manquent pas de le punir. L'enfant, de son côté, à moins d'être atteint d'arriération mentale, ne tarde pas à prendre conscience du caractère anormal de ses comportements. Si ces tendances perverses ne sont pas trop fortes et qu'il dispose de ces possibilités mentales qui sont nécessaires, comme nous le verrons dans la suite, à l'élaboration intérieure des schèmes pervers, il cherchera spontanément à renoncer à tous ces actes pervers qui sont l'objet de la désapprobation des adultes et dont il éprouve confusément, en lui-même, le caractère anarchique. Ce n'est que dans l'hypothèse où l'élaboration mentale échoue que des conduites perverses détournées continueront à s'accomplir, jusque dans l'âge adulte où l'accroissement de l'excitabilité érotique intensifiera du même coup les schèmes latents.

L'étude des comportements pervers détournés de leur objet spécifique sur des objets de remplacement, chose extérieure ou corps propre, relève, comme celle des comportements pervers proprement dits, de la psychopathologie et même dans la plupart des cas, puisqu'il y a destruction, de la criminologie. Aussi nous n'avons pas à nous y arrêter. Dans le cadre de notre analyse actuelle, une seule chose est à retenir de l'observation de ces conduites : c'est le fait de la plasticité de l'être humain, de cette aptitude étonnante qu'il possède, dès son plus jeune âge, à substituer entre eux choses, corps et personnes ;

à u⁀ être humain il peut substituer un animal, comme dans la bestialité; à sa mère, une poupée qu'il piétinera parce qu'il n'ose pas piétiner sa mère; au corps d'autrui intouchable, son propre corps sur lequel il exercera plus impunément ses gestes érotiques. Cette plasticité, déjà observable dans le monde animal, devient chez l'être humain presque illimitée. Tout, à peu près, peut représenter n'importe quoi, en vertu des innombrables analogies qui relient les choses et les êtres entre eux. Certes, sur le plan des comportements réels, les possibilités de substitution ne sont pas indéfinies : l'enfant ne peut pas sucer n'importe quelle partie de son corps, pour se consoler de l'éloignement du sein maternel. Mais l'être humain dispose encore de l'imagination : sur le plan des fantasmes intérieurs, les restrictions de la réalité tombent, les plus superficielles analogies peuvent donner lieu à des chaînes indéfinies de substitutions purement mentales.

Renvoyer l'analyse des conduites perverses substitutives à la psychopathologie, ce n'est pas, notez-le bien, dire qu'elles sont étrangères à l'être humain normal. S'il en était ainsi, comment expliquer l'intérêt qu'il prend si volontiers à des romans, des films ou des drames dont les personnages sont des exemples frappants de perversion détournée? Le spectacle du plaisir érotique de la destruction ou de l'agression ne laisse personne insensible. Il réveille le schématisme latent. Les conduites perverses détournées intéressent, dans tous les sens du mot, l'être normal. Elles suscitent en lui de la curiosité, mais plus encore elles lui donnent, si elles sont présentées dans une forme artistique, un plaisir intense. D'autre part, elles concernent son propre destin, dans la mesure où elles en représentent une des possibilités. Dans le pervers, l'être normal peut et doit voir son semblable. Ce n'est que par la vertu de pouvoirs psychiques supérieurs qu'il peut se féliciter d'avoir pu échapper non seulement aux conduites franchement marquées par la perversion, mais même aux expressions détournées de celle-ci.

Chez l'être normal, les conduites perverses, même substitutives, sont inhibées. A ce propos, nous avons évoqué à plusieurs reprises déjà des pouvoirs psychiques, des possibilités mentales, une élaboration intérieure. Le moment est venu d'analyser ces opérations plus subtiles, grâce auxquelles l'individu évitera la situation de force majeure où il se sentirait contraint d'exprimer dans la réalité, sur des objets de remplacement, les tendances perverses déclenchées en lui à la vue de l'objet sexuel insaisissable. Nous entrons maintenant dans le domaine psychique. Jusqu'ici nous n'avons rencontré que des éléments instinctifs : perception des stimuli érotiques simples, déclenchement de réactions à la fois agressives et sexuelles, remplacement, dans la réalité, de l'objet spécifique par des substituts naturels. Tous ces phénomènes se passaient au niveau organique, à ras le corps, dans un monde strictement animal. A partir de maintenant, nous allons assister à une espèce de transmutation de l'organique en psychique, de la réalité instinctive en une réalité fantasmatique, transmutation qui épargnera à l'individu les déboires et les risques du comportement pervers réel.

L'homme dispose de l'imagination, faculté qui lui permet l'économie des actes réels en les remplaçant par des représentations qui n'ont plus qu'une réalité mentale. En proie au dynamisme des schèmes d'action pervers, il serait surprenant qu'il n'use point de cette imagination, d'abord pour substituer à des comportements pervers réels des représentations analogiques des comportements réels, ensuite pour élaborer ces représentations mentales de manière à en décanter les éléments les plus nocifs, à savoir ceux qui sont de nature agressive et destructrice.

Avant de décrire l'alchimie inconsciente par laquelle l'individu cherche à purifier ses représentations de leurs composantes mauvaises, il faut comprendre le passage du réel à l'imaginaire, la transmutation des schèmes d'action pervers en représentations perverses correspondantes. Disons tout de suite, pour éviter des malentendus, que ce n'est pas, comme ont l'air de le supposer implicitement bon nombre de psychanalystes, le dynamisme des tendances instinctives qui crée le pouvoir de représentation imaginaire. Celui-ci préexiste ou plutôt possède une certaine autonomie, encore qu'il soit conditionné par un état déterminé du développement cérébral. Mais, dès le moment où l'être humain atteint par maturation interne ce pouvoir de représentation, le dynamisme instinctif s'en empare et l'utilise à la fois pour s'épargner des comportements réels, trop dangereux, et s'offrir des satisfactions imaginaires. Ce qui donne l'impression que le dynamisme instinctif est proprement créateur de la faculté de représentation, c'est le fait, observé par la psychopathologie, que dans le développement évolutif de l'être humain, cette faculté se trouve activée, en premier lieu, semble-t-il, par les tâches urgentes qui se posent au dynamisme instinctif, quand il ne peut se liquider en comportements réels. En somme, sans tension effective, ce qui serait la situation d'un organisme dont les besoins se déchargeraient instantanément en actes extérieurs, la faculté de représentation resterait hors d'usage : elle ne développerait pas ses virtualités constitutionnelles. L'observation clinique montre qu'une des premières utilisations de l'activité psychique de représentation consiste pendant l'enfance et à l'âge mûr dans l'aménagement et l'élaboration intérieure, sur un plan non réel mais mental, des tendances instinctives perverses.

# CHAPITRE TROISIÈME

# LA SEXUALITÉ INCONSCIENTE :
# LES CONFLITS INTÉRIEURS

Notre tâche devient maintenant plus ardue. A mesure que nous nous élevons vers les attitudes mentales de l'être humain, les éléments en jeu se multiplient, mais surtout acquièrent une plus grande labilité : voyez l'étonnant pouvoir de déplacement, de camouflage, de transfiguration de celle que la perspicacité humaine a si justement appelée la folle du logis, l'imagination. Jusqu'ici, pour expliquer les états d'excitation-inhibition ou les schèmes d'action pervers, il n'y avait qu'à décrire des réactions physiologiques ou des conduites extérieures imminentes. Les chaînes réactionnelles se décrivaient aisément en termes de comportement. C'étaient des réalités observables du dehors, sans l'intervention du langage, et structurées d'une manière rigide : les propriétés de l'organisme naturel et les caractères de la réalité sur laquelle s'applique l'action ne sont guère, c'est heureux pour le biologiste, extensibles. Avec les possibilités psychiques de l'être humain, nous nous engageons dans un domaine mouvant, où les choses se transforment à l'infini, où les structures sont furtives et découragent la recherche, mais qui présente surtout l'immense désavantage pour le chercheur qui s'y aventure de réveiller son monde intérieur personnel. Toute analyse de la sexualité psychique tourne fatalement à une analyse personnelle. Ce fut le risque couru par cet audacieux pionnier, S. Freud, dont l'ouvrage « La Science des rêves » constitua une vraie analyse de lui-même, ensuite par tous les psychanalystes qui n'hésitèrent pas davantage à courir le péril d'une divulgation indirecte d'eux-mêmes en parlant des lois de la vie psychique.

Aujourd'hui le risque est moindre pour une double raison : d'abord, il y a moins de honte, est-ce un effet des progrès de la psychologie ou de l'esprit du temps, à révéler les aspects les plus secrets de soi-même; ensuite le grand nombre des découvertes psychanalytiques constituent à présent un ensemble imposant, capable de nous prémunir contre des interprétations trop subjectives du monde intérieur des hommes.

## I.

Avant toute chose, dissipons les malentendus sur la nature de l'*inconscient*. Il est puéril d'y voir un réceptable d'idées volatiles, plus ou moins répugnantes, dont il faudrait soigneusement éviter les fuites. Ce serait s'en faire une image névrotique, conforme à celle des obsédés et des déprimés, qui voient leur propre personnalité comme un réservoir à contenu principalement mauvais, comme une espèce de canal digestif et intestinal dont il est indécent de répandre au-dehors les éléments. Bon nombre des critiques profanes adressées à la notion d'inconscient émanent d'une image de ce genre.

Des spécialistes de l'étude de l'homme, philosophes ou psychologues, ont rejeté eux aussi la notion, en la faisant passer pour absurde. Ils ont présenté l'inconscient comme un doublet de la conscience. A ce compte-là, on comprend qu'ils puissent se demander pourquoi ne pas imaginer un doublet de ce doublet et ainsi de suite, pourquoi ne pas se représenter la vie psychique comme un emboîtement indéfini de consciences toujours plus petites, à la manière de biologistes de la Renaissance qui voyaient dans l'homme, un petit homme et dans celui-ci, encore un homme plus petit? C'est à bon droit qu'ils ne veulent pas de cette « gulleverisation » de la conscience. Mais c'est par erreur qu'ils croient que la notion d'inconscient doive y conduire. Ils se font de celui-ci une image qui, pour être moins puérile, n'en est pas moins névrotique. On connaît le goût de certains malades pour leur ombre ou leur double. Ils imaginent volontiers à l'intérieur d'eux-mêmes une miniature d'eux-mêmes, la plupart du temps une partie de leur corps à laquelle ils identifient toute leur personnalité et qu'ils prennent plaisir à choyer d'un amour narcissique. Si cette dissociation, ce dédoublement de l'individu entre sa personnalité englobante et une personnalité en miniature, englobée et nourrie par la première, utilise à ses fins, au lieu d'une partie du corps, la partie inconsciente de la vie psychique, nous obtenons la théorie de l'inconscient, combattue par les philosophes et les psychologues.

Les images qui grèvent la notion d'inconscient sont intéressantes parce qu'elles montrent déjà l'inconscient en fonction, dans cette façon d'interpréter une activité psychique en termes de contenu et de contenant, en termes d'*objet* intérieur, tantôt de nature excrémentielle, tantôt de valeur narcissique. Mais dans la mesure où elles obéissent aux lois de transformation propres au travail inconscient, elles ne peuvent servir à la définition ou à la description de cet inconscient. Celle-ci exige des concepts plus dynamiques. L'inconscient n'est ni un contenu, ni un objet intérieur. Il signifie en premier lieu une activité psychique, antérieure à nos délibérations et à nos décisions conscientes. Il est d'expérience courante que la recherche d'une solution à un problème technique ou mathématique continue à se faire, sans notre participation consciente, pendant le temps du sommeil. A combien plus forte raison, quand il s'agit de la résolution de problèmes affectifs d'importance vitale, pouvons-nous supposer que le travail psychique n'attend pas pour se faire que nous soyions complètement éveillés au monde et à nous-mêmes !

Nous avons laissé l'organisme aux prises avec des tendances sexuelles lestées d'agressivité et interdites. L'imagination ou la faculté de représentation s'en empare pour les travailler. C'est l'activité psychique inconsciente, c'est-à-dire antérieure à la délibération. En termes plus physiologiques, on pourrait dire que la chaîne réactionnelle allumée par les excitateurs érotiques, trouvant la route barrée vers les comportements instinctifs extérieurs, bifurque maintenant vers les régions cérébrales dans lesquelles elle se déploiera imaginairement au lieu de s'exécuter réellement. En langage psychologique, il se passe un déplacement plus radical que les déplacements réels que nous avons relevés dans les perversions simplement détournées de leur objet spécifique, une substitution d'objets mentaux à tous les objets réels. Le comportement sexuel pervers s'intériorise : l'accomplissement effectif des actes extérieurs fait place à un accomplissement mental d'actes imaginaires.

Pourtant, il serait prématuré de supposer dès le départ une induction mentale des comportements sexuels pris dans leur sens dynamique complet. Au moment où les tensions organiques induisent dans l'appareil mental des schèmes de comportement qu'il est interdit d'accomplir dans la réalité extérieure, ce n'est pas la totalité de la chaîne réactionnelle qui se trouve transposée sur le plan imaginaire : ne s'étant pas encore accomplie dans tous ses détails, ne s'étant pas déroulée jusqu'à son terme final, le repos dans la conjonction charnelle, ce n'est pas elle qui se trouve représentée par les images de l'inconscient.

Nos rêves ont caractère inachevé et mystérieux, sur lequel on s'est fondé pour en rejeter l'intelligibilité. Il est rare, en effet, que le contenu manifeste de nos rêves nous livre l'image précise d'un rapport sexuel complet. Même quand il se termine par une pollution ou une excitation clitoridienne involontaires, c'est à la suite d'images érotiques peu élaborées, qui sont plus de la nature d'une allusion que d'une illusion. Les personnes non initiées s'étonnent de ce qu'on peut tirer de leurs rêves. Dans les *membra disjecta* de ceux-ci, elles ne voient pas les désirs précis que l'interprète y aperçoit. Leur scepticisme est en partie justifié, surtout quand l'interprétation qui leur est présentée est massive et consiste simplement à transporter dans le rêve des modèles de comportement aussi articulés, aussi bien définis que ceux de la vie éveillée. Il est incontestable qu'un rêve à contenu incestueux ne consiste pas dans la représentation claire et distincte d'un acte sexuel commis avec un parent. Comprendre le rêve de cette manière, ce serait renverser les choses, interpréter les brumeux débuts de la vie psychique par les formes bien délimitées que nous ne trouverons que beaucoup plus tard, à un stade de développement final.

Pour expliquer le langage énigmatique des rêves, il n'est pas nécessaire de recourir tout de suite à un travail de déformation ou à une censure qui se chargerait de filtrer les messages, de manière à les rendre inoffensifs et innocents. Il suffit de placer le rêve à l'endroit exact de son apparition, c'est-à-dire à l'intersection de l'organique et du psychique. Il coïncide avec le moment précis où des schèmes d'action, freinés dans leur développement spontané, se transfigurent en schèmes mentaux, ceux-ci étant aussi peu définis et aussi peu différenciés que ceux-là. Le rêve n'est pas un doublet de la vie psychique éveillée ou consciente. Bien loin d'être une reproduction de celle-ci, il la produit, il la sous-tend comme l'image sous-tend le concept, comme des brouillons sous-tendent un texte achevé. En lui s'amorcent confusément des idées et des plans qu'il appartiendra à l'attention éveillée d'émonder, de clarifier et puis seulement d'accomplir.

Mais si, en comparaison des structures psychiques éveillées qui se construisent sur lui, le rêve est confus et capricieux, il se présente au contraire comme une réalité bien structurée dès qu'on le confronte aux schèmes organiques qu'il est appelé à induire dans la vie psychique naissante, c'est-à-dire dans l'imagination. Nous en revenons ainsi à l'inconscient et à sa fonction : rendre immanents à l'individu lui-même les schèmes d'action qui le portaient vers un partenaire à la fois attirant et récalcitrant. L'inconscient est une activité psychique, dont les lois sont à chercher, non pas du côté de la vie consciente éveillée, mais de celui des actions élémentaires de l'organisme, telles que l'attaque et la séduction, prises dans leurs formes les plus physiques et les plus grossières : poursuite, mutilation, dévoration, incorporation, excrétion, exhibition et ainsi de suite. Le contenu objectif de l'inconscient, d'une variété et d'une richesse décourageantes, ne peut devenir intelligible que si nous le traduisons en termes d'actions élémentaires, en termes d'unités de mouvement instinctif dont la synthèse constitue la trame de nos rêves inconscients et éveillés. Ces unités de mouvement sont comme des séquences instinctives, empruntées aux comportements d'agression et de stimulation et transposées, pour les besoins de l'équilibre interne, sur le plan imaginaire ou psychique. L'inconscient est une véritable construction psychique, effectuée par le pouvoir de représentation de l'être humain, au moyen de séquences instinctives, unités d'action élémentaires, groupées et reliées entre elles selon une exigence interne que la psychologie appelle le principe de plaisir.

Ces séquences élémentaires, nous les connaissons déjà par le chapitre précédent. Ce sont les mouvements instinctifs qui relèvent de ce que nous avons appelé, à la suite de la psychanalyse, la perversion : gestes d'attaque, qui se décomposent eux-mêmes en mouvements de poursuite, d'immobilisation, de mutilation et de dévoration; gestes de la peur qui se décomposent en mouvements de fuite, de retrait, de dissimulation; gestes érotiques qui se décomposent en mouvements de régurgitation, d'allaitement, de caresses, d'excitations et de contacts apaisants. Les choses se passent comme si le déroulement naturel et conjoint des conduites de conservation et de procréation était décomposé en ses éléments constitutifs primordiaux, donnant ainsi des séquences unitaires discontinues que le pouvoir de représentation de l'homme reconstitue en un ensemble psychique, nouveau et autonome.

Pour la clarté de l'exposé, j'ai donné des exemples concrets de séquences instinctives induites dans la vie psychique. Il ne faudrait cependant pas croire que cet inconscient soit d'emblée un ensemble d'images opérationnelles, telles qu'elles nous sont livrées à notre réveil au regard de notre conscience. Ces images sont elles-mêmes déjà un produit très élaboré de notre inconscient. Celui-ci est une réalité située encore en deçà de nos images préconscientes ou conscientes. C'est ici que l'explication devient difficile. Comment concevoir une réalité psychique qui soit plus que les schèmes d'action pervers définis au chapitre précédent, mais moins que l'ensemble des images qui peuplent notre vie psychique consciente? Disons-le tout de suite dans une formule sommaire : cet inconscient est une structure autonome de séquences instinctives. Principe de toutes les productions fantasmatiques de notre esprit d'une part, émanation des problèmes de la vie instinctive d'autre part, l'inconscient est en lui-même une mise en forme intérieure des séquences instinctives non réalisées. C'est un corps autonome de segments instinctifs groupés et hiérarchisés entre eux selon un principe de construction qu'il nous faut découvrir maintenant.

## 2.

Rappelons-nous la tâche qui incombait à l'individu du fait de ses tendances ambivalentes : sexualité et agressivité. Il devait empêcher qu'elles n'arrivassent jusqu'à un partenaire. Il devait même éviter de les laisser s'exprimer effectivement sur des corps de remplacement, chose extérieure ou corps propre. La seule solution qui lui restait était de remplacer tout objet extérieur par un objet intérieur. C'est précisément ce qui arrive à la source même de la vie psychique inconsciente. L'individu se retire en soi-même, pour y jouer le jeu complexe d'une relation qui devient en quelque sorte *pseudo-sexuelle* et *pseudo-agressive*. Les segments instinctifs de l'agression et de la séduction, de la fuite et de l'abandon, au lieu de se développer au-dehors par des comportements effectifs, vont maintenant animer les rapports de l'individu avec un objet immanent, ayant pris la place des objets extérieurs virtuels. C'est dans cette substitution radicale que réside le mécanisme primaire du refoulement, ce que Freud a nommé l'*Urverdrängung* [1].

En rendant immanents l'objet de ses tendances et par le fait même, l'ensemble des séquences instinctives qui s'y rattachaient, l'individu obtient un double effet. Il réussit en premier lieu à rendre inutile l'objet extérieur, inutile au point de vue de ses besoins érotiques. L'objet s'en trouve désexualisé ou neutralisé. Il cesse, au moins provisoirement. d'exercer quelque influence. Il perd sa valence érotique, Ainsi, au début d'une vie amoureuse, après la naissance des premiers émois, l'individu s'étonne souvent de ne plus trouver d'intérêt à la personne vers laquelle il s'était senti attiré et qu'il avait commencé d'aimer. Quand il est loin d'elle, il s'agace de ne plus retrouver son visage. Auprès d'elle, il constate avec surprise qu'il s'ennuie. La personne a perdu son éclat. Elle lui est devenue indifférente, incapable d'éveiller en lui sympathie ou antipathie. C'est un exemple de désexualisation ou neutralisation. Phénomène passager chez l'homme normal, durable chez l'être inaffectif, qui peut en souffrir des années durant, parfois une vie entière. C'est par une grave impropriété de terme que ces êtres à tendance schizophrénique sont appelés inaffectifs. Il suffit d'arriver à ouvrir leur vie intérieure

---

[1] L'explication de R. FLIESS, dans son *Erogencity and libido*, (New York, 1956) va dans le même sens : pp. 41-44.

pour s'apercevoir de l'intensité de leurs passions. Seulement, celles-ci se sont portées sur des objets intérieurs, lesquels annihilent du même coup l'influence possible d'une quelconque personne réelle. Les contacts sont coupés avec l'extérieur, car tout le réseau intérieur est occupé par les communications nombreuses que le sujet a établies en soi-même avec des objets purement internes. Quand elle n'est pas permanente, la rupture de contact n'est qu'un épisode dans l'élaboration progressive d'une relation sexuelle. Dans ce cas, elle a coutume de se produire juste après les premières bouffées érotiques. Devant l'imminence d'un danger d'explosion, expression massive et violente des segments instinctifs, l'individu désamorce le fil qui le relie à la personne d'où provient l'excitation. Ce ne sera que plus tard, après un patient et inconscient travail intérieur, quand la violence se sera transformée en tendresse, que le contact pourra être rétabli, avec le bénéfice d'ailleurs d'une vie intérieure intense qui apportera à la relation une richesse qu'elle n'aurait jamais eue sans cette phase de retrait.

La substitution de l'Objet intérieur aux personnes extérieures a un second effet : celui de diviser le psychisme en parties de plus en plus distinctes, entre lesquelles pourra se dérouler impunément, en dehors de la réalité, le jeu des séquences sexuelles instinctives. Le fait de prendre de la distance en face de la personne extérieure, à la fois stimulante et récalcitrante, va de pair avec la production à l'intérieur de l'individu d'un objet de remplacement, doté des mêmes qualités contradictoires, objet aussi stimulant et récalcitrant que la personne dont il est appelé à prendre la place par une espèce de substitution symbolique ou métaphorique. Nous voilà donc devant un psychisme perdant son homogénéité naturelle et voyant sa substance uniforme se diviser en noyaux distincts, le premier à apparaître étant cet Objet intérieur, réalité à double face et réalité essentiellement métaphorique.

C'est en observant ce développement psychique que nous sommes en droit de transposer de l'embryologie à la psychologie la notion de *mitose*. Parler d'une mitose du psychisme n'est pas seulement une comparaison avec le processus de différenciation qui s'opère dans des cellules en développement. C'est s'exprimer en rigueur de terme. Avant de se trouver dans la nécessité de fournir aux segments instinctifs un objet de remplacement, le psychisme n'est qu'un pouvoir de représentation indifférencié, une espèce de pseudopode élémentaire, sans structure interne, dont on sait simplement qu'il sera appelé à remplacer les comportements effectifs, quand ceux-ci seront interdits ou impossibles, par des conduites mentales. Après les premières stimulations reçues du dehors et avec la nécessité d'exécuter des segments instinctifs n'ayant aucun impact dans la réalité apparaît une première différenciation : de la masse uniforme se dégage et se précise un noyau interne, aux propriétés formelles analogues à celles de toute personne réelle qui prendrait plaisir tout à la fois à stimuler et à rejeter.

Puisque nous sommes en psychologie, nous devons fonder cette description abstraite de la mitose psychique sur des phénomènes subjectifs concrets. La difficulté n'est pas grande. Il suffit de songer au désarroi qui s'empare de celui qui s'éveille à la vie sexuelle. Il a le sentiment que sa personne subit une transformation radicale, qu'elle est en train de se réorganiser autour de quelque chose de nouveau en elle, qu'elle n'est plus cette substance homogène et sans conflit d'hier, qu'elle a introduit et développé en elle un corps étranger, source de tensions et de conflits.

Nous n'en sommes pas encore au point où la pensée consciente de l'individu est entièrement occupée par un objet d'amour. Pour en arriver là, bien des étapes encore devront être franchies. En ce moment, aucun objet extérieur précis n'est à l'horizon. Bien au contraire, tous les êtres concrets qui peuvent se présenter, l'individu les écarte, avec le sentiment que le drame doit se jouer d'abord à l'intérieur, dans son for intime, avec quelque chose qui est en lui, sans être lui. L'individu serait incapable de nommer la chose qu'il sent vivre en lui et dont la présence mobilise d'une manière nouvelle ses forces instinctives. Il s'y refuse d'ailleurs, il rejette tous les noms que vous lui proposez pour savoir qui elle est. Elle n'est personne. S'il était possible de lui donner une identité, elle aurait trop de réalité et ne servirait plus au dessein initial : détacher l'individu des êtres concrets qui l'entourent du réseau de leur influence et de leurs messages contradictoires. Cette chose qui n'est personne, ni père ou mère, ni Dieu ou Satan, ni prince ou princesse, ni maître ou maîtresse, peut devenir l'un ou l'autre de ces personnages, dans le développement futur du psychisme vers la conscience. A l'origine, elle est l'Objet indifférencié, la Chose à la fois extérieure et immanente à l'individu, réalité innommée, mais qui comporte nécessairement deux attributs : elle est à la fois stimulante et paralysante. Ambiguë comme tous les êtres réels qu'elle remplace et enveloppe, elle est chargée d'une valence à la fois érotique et agressive. Cette Chose, c'est l'ambiguïté même des semblables devenue anonyme. C'est une espèce d'autrui généralisé, produit par le psychisme et dont la fonction est de représenter, pour les remplacer, tous les êtres de la dure réalité.

Dans le désarroi des débuts d'une vie sexuelle entre pour une bonne part ce sentiment de désorganisation interne qui accompagne la production immanente de cette chose sans nom, mais attirante et effrayante, que la psychanalyse d'aujourd'hui appelle l'Objet intérieur et dans laquelle il est peut-être légitime de voir une analogie anticipatrice du Sacré, de ce Sacré dont on connaît par les études de Rudolf Otto le caractère ambivalent.

Avec la production de la chose intérieure, avec l'apparition dans le psychisme de ce noyau aux qualités opposées, sorte de cristallisation des attitudes de séduction et de rejet, l'individu peut se passer des autres. Mais ce fragile avantage, il le paye chèrement. Car, par cette production, il rend permanent en lui le sentiment de contradiction. Tant qu'il restait branché sur la réalité, c'est-à-dire sur les êtres de son entourage, il s'adaptait à leur humeur, répondant à la douceur et à l'affection par des mouvements de rapprochement et d'abandon, à l'hostilité par la fuite ou le combat. Les sentiments mélangés des êtres s'étalant dans le temps selon une loi d'alternance, il pouvait lui-même varier ses attitudes et les rythmer sur cette alternance. En élaborant maintenant dans son for interne un objet qui puisse échapper aux variations de la réalité, il se trouve devant quelque chose qui est à la fois, et non plus successivement, d'une humeur favorable et d'une humeur hostile : tête au double visage, Janus qui invite dans le même temps à la guerre et à la paix, au combat et à l'abandon. La succession extérieure des attitudes de bienveillance et de malveillance s'est transformée par là en une coexistence interne d'aspects contradictoires sous la forme d'un objet intemporel et ambivalent, dont l'effet sur l'individu consiste à y installer en permanence le conflit entre l'amour et l'hostilité, entre l'abandon sensuel et la tension agressive. Ce qui était rythme dans la réalité devient dans l'esprit discordance.

## 3.

Ainsi donc, au moment de l'accroissement des besoins sexuels, nous assistons d'abord à une dissociation interne pénible. Il y a une intensification simultanée de la concupiscence et de l'irascibilité, pour parler le langage philosophique. Le plaisir comme tel, abstraction faite d'un partenaire déterminé, exerce une attraction irrésistible. En même temps, l'individu devient plus irascible. N'obtenant pas d'emblée ce plaisir, celui-ci flottant dans un monde indéterminé, l'individu s'irrite rapidement, sur rien comme sur tout. Le caractère flottant de l'irascibilité et de la sensualité donne à celles-ci une apparence de choses absolues, subsistantes en soi et transcendantes par rapport à tous les points d'impact possibles.

C'est à bon droit que les psychologues de la vie affective ont supposé, à l'origine de la vie psychique, un ensemble d'impulsions à caractère autonome, dont le destin n'est à ses débuts lié à aucune personne déterminée. Il n'est pas possible de construire une psychologie des relations humaines sans passer par un chapitre sur les pulsions envisagées comme telles, comme des forces indépendantes de tout objet réel. L'erreur serait de réduire toute la psychologie des relations humaines à ce chapitre particulier. Celui-ci ne correspond qu'à une phase du développement psychique, celle où les segments instinctifs, après s'être détachés de toute réalité biologique, s'exercent en elles-mêmes et pour elles-mêmes, acquérant ainsi une existence absolue et autonome, devenant en quelque sorte un pur dynamisme.

A l'échelon animal, il n'y a que des comportements sexuels, agressifs ou mélangés : tout se passe dans la réalité. C'est parler improprement que d'y supposer des tendances, des impulsions latentes, des dynamismes à l'état pur. Cette impropriété de termes vient de l'analogie avec l'homme, le seul être de la nature chez qui, à proprement parler, les segments instinctifs de la sexualité, de l'agressivité et de leur mélange s'intériorisent et deviennent par là quelque chose d'absolu et d'autonome, appelé par les scolastiques l'*appetitus concupiscibilis et irascibilis*, par Descartes les passions, et par la psychologie moderne les pulsions *(Triebe)*. Quel contre sens on commettrait si on voyait derrière ces concepts des instincts élémentaires, communs au règne animal et humain ! Ces notions se réfèrent au contraire à une réalité construite par le travail inconscient de l'être humain, à une réalité psychique, produit d'élaboration des segments instinctifs. Il s'agit d'une espèce de système formalisé des mouvements instinctifs qui, dans la réalité animale, donnaient le comportement sexuel, agressif ou hybride, mais qui, chez l'homme, acquièrent en vertu du refoulement radical un caractère absolu, irréel, autonome.

De ce caractère d'autonomie, nous trouvons une illustration dans un phénomène à ce point courant qu'on n'en voit plus l'étrangeté. Que l'homme soit privé de relations sexuelles effectives et se trouve seul, dans l'obscurité de sa chambre par exemple, et voilà qu'aussitôt surgissent dans son esprit une multitude d'idées et d'images érotiques. Il se met à rêver de femmes lascives, mais inconnues ou constituées par la synthèse de traits dont chacun est emprunté à une femme réelle différente. Il imagine avec elles des actes tantôt tendres, tantôt cruels. Demandez à ce rêveur éveillé quelle femme il a en vue, il sera incapable de vous répondre. Souvent, il vous préviendra qu'en tout cas il n'est pas question de l'amie respectable et belle à laquelle il fait la cour dans la réalité des choses. Questionnez-le davantage et demandez-lui de vous dire s'il lui arrive, au cours de ses journées, de ressentir des émois physiques analogues devant une femme réelle. Fréquemment, la réponse sera négative. C'est dans ce contraste entre la richesse des images du rêveur solitaire et la pauvreté de ses réactions dans les contacts réels, que nous apercevons la chose étrange.

Voyez la différence avec l'animal : la réaction érotique de celui-ci, quoique déterminée par son état hormonal, dépendra en général de la présence d'un stimulant extérieur, adéquat ou non, mais condition nécessaire; en dehors de toute stimulation objective, il est assez rare qu'une chaîne de réactions érotiques se produise chez lui. L'état physiologique aura surtout pour effet de provoquer une chasse au partenaire. Dans l'espèce humaine, les choses se renversent. C'est en l'absence de tout congénère déterminé que le cycle des réactions érotiques est amorcé; au contraire, en présence de l'être stimulant spécifique, tous les mécanismes déclencheurs sont bloqués. Ce renversemenent de la situation biologique naturelle illustre bien le caractère d'autonomie que je voulais mettre en relief. En vérité, chez notre rêveur solitaire, il existe à l'état pur et absolu un système de segments instinctifs, qui reste latent et inefficace aussi longtemps que les nombreuses stimulations de la vie active distraient l'individu, mais qui entre en effervescence et produit un monde d'images et d'idées, une fois disparus les bruits et les lumières de la journée.

On dira que l'exemple est pathologique. Rien n'est plus vrai, à condition d'admettre encore une fois que le pathologique n'est que le grossissement d'un fait normal, que le blocage à une des étapes du développement. Chez tous les êtres humains dont l'évolution ne s'arrête pas au niveau des stades élémentaires d'une sexualité strictement réactionnelle, surgit et se renforce un système autonome, indépendant du réel, de pulsions sexuelles et agressives.

Soumises à la stimulation permanente et contradictoire de l'Objet intérieur, les séquences instinctives, de temporaires et adaptées qu'elles étaient aux circonstances objectives, sont devenues permanentes, absolues, rigides et indépendantes des hasards de la vie extérieure. C'est ainsi qu'apparaît et se développe dans un psychisme indifférencié à l'origine, et sous l'influence de l'Objet intérieur, *un noyau que nous appellerons pulsionnel*, espèce d'organe permanent au service des séquences agressives et sexuelles.

Avec l'apparition de ce nouveau noyau, second moment de la mitose psychique, la contradiction s'installe au cœur de l'individu.

Retournons une nouvelle fois à l'animal pour observer le contraste de sa situation avec celle de l'être humain. Dans les conditions de vie naturelles, quand le comportement des choses et des congénères de l'environnement est clair, sans ambiguïté, nettement sexuel ou nettement agressif, l'animal ne connaît aucune contradiction : sa réaction est sexuelle ou agressive, selon les cas; elle est l'une et l'autre à la fois pendant quelques courts instants, au début de l'excitation. Mais alors même, la réponse ambiguë de l'animal, mélange de segments agressifs et sexuels, ne durera que le temps pendant lequel la stimulation garde sa signification ambiguë. La stimulation ou son imprécision venant à disparaître, la contradiction interne cesse du même coup. L'homme, au contraire, connaît des états de contradiction, indépendants du comportement bienveillant, malveillant ou ambigu des êtres qui l'entourent. C'est la contradiction interne et relativement durable entre la sexualité et l'agressivité, entre les segments érotiques et les segments de l'attaque ou de la fuite. Ce qui est proprement humain, c'est la coexistence et le concours, dans le même moment du temps et sans considération de l'humeur changeante des interlocuteurs réels, des deux tendances opposées : la sexualité et l'agressivité.

Ainsi, la pensée de l'impuissant névrotique est souvent écartelée entre des fantasmes de nature contradictoire. Leur concomitance est extrêmement pénible et explique la crispation intérieure de ces êtres déchirés. Les caresses qu'ils imaginent sur le corps d'une femme lascive sont en même temps des manières de griffer et de blesser. Ils le couvrent de baisers empoisonnés. Ils excitent ses parties les plus sensibles en les brûlant au fer rouge. Ils le pénètrent de toute leur présence destructive et explosive. Dans les imaginations morbides de ce sadisme mental raffiné, on ne peut même pas dire qu'un geste tendre se transforme insensiblement en un acte de cruauté ou inversement : l'un est l'autre, dans le même temps. Cette ambivalence, il est difficile de l'imaginer dans la réalité, mais au niveau des fantasmes, la chose devient possible : c'est comme un segment instinctif unique, mais chargé d'une double signification, celle de la tendresse et celle de la cruauté. Ce sont les faiblesses de la pensée discursive qui font succéder les unes aux autres les images opposées, mais au niveau de l'inconscient il ne s'agit que d'un seul comportement à double face.

Après ce que nous avons compris du double caractère de l'Objet intérieur, chose à la fois excitante et récalcitrante, il est facile de comprendre la dualité du noyau pulsionnel. Pour en rendre compte, Freud a construit la théorie de la dualité des instincts : d'une part l'instinct de vie ou la *libido*, de l'autre l'instinct de mort ou l'agressivité ou encore, comme disent certains psychanalystes épris de symétrie, la *destrudo*. Fidèle à notre propre terminologie, nous dirons que le noyau pulsionnel de l'individu, suscité et renforcé par l'influence insistante de l'Objet intérieur à double face, se décompose lui-même en deux parties, chacune d'elles étant une réponse à l'une des faces de l'Objet intérieur. Cependant, cette manière de parler présente aussi des imperfections. Dans la double nature du noyau pulsionnel, il ne faut voir ni des instincts séparés ni des parties distinctes ou discontinues. Seule la pensée discursive fait ces distinctions tranchées. De plus, la séparation nette entre la sexualité de nature vitalisante et l'agressivité destructrice ou annihilante, loin d'être réalisée dans les commencements de l'élaboration psychique inconsciente, sera précisément le résultat obtenu par celle-ci. Ce sera seulement après un long et profond travail d'analyse intérieure que l'individu arrivera à séparer l'ivraie du froment, c'est-à-dire les composantes agressives des composantes érotiques. Dans les débuts du travail psychique, c'est une seule et même séquence instinctive qui se trouve revêtue simultanément de la double signification. La psychologie contemporaine parle de la fusion des deux instincts comme si chacun d'eux existait d'abord à l'état séparé, puis se mêlait à l'autre par une sorte de tressage psychique. Il faut renverser l'explication : l'instinct sexuel ou l'instinct agressif sont des produits purs, obtenus par les opérations de l'analyse psychique. Dans le noyau pulsionnel initial, nous ne trouvons que des éléments mélangés et impurs dont la séparation ultérieure donnera des produits homogènes : la pulsion sexuelle comme telle, la pulsion agressive comme telle.

Nous constatons dans ce domaine de la psychologie un des méfaits de plus de la tentation invétérée de l'esprit humain à expliquer un phénomène par les phénomènes subséquents. Nous n'éviterons ici l'erreur finaliste qu'en nous servant des éléments que nous avons déjà trouvés : l'Objet intérieur à double face, le noyau pulsionnel qui est une réponse à ses sollicitations contradictoires. En possession de ces éléments, le caractère contradictoire du noyau pulsionnel, à la fois érotique et agressif, ne peut s'expliquer qu'au moyen d'une analogie : les segments instinctifs qui émanent du noyau pulsionnel ne savent encore ce qu'ils sont réellement; ils sont des unités de mouvement qui pourraient s'insérer aussi facilement dans une chaîne franchement érotique

que dans une autre franchement destructrice. Le noyau pulsionnel est à la fois recherche d'un plaisir commun et destruction réciproque parce qu'il n'est encore avec précision aucune des deux activités. Les segments instinctifs qu'il porte en lui restent trop indifférenciés, comme des matériaux appelés à s'intégrer par la suite aussi bien dans une construction de paix que dans une construction de guerre.

Une unité de mouvement instinctif comme celle qui consiste à porter la main sur quelqu'un, il est également possible de l'intégrer dans le comportement plus global d'une caresse ou d'un coup. Le contenu du noyau pulsionnel n'est pas autre chose qu'un ensemble d'unités de cette sorte, de morceaux de segments assez indifférenciés pour être aussi facilement utilisables par des motivations positives que négatives. C'est l'hésitation profonde et durable entre les deux possibilités d'utilisation de ces éléments unitaires d'action qui donne, sur le plan subjectif, le sentiment de contradiction dont souffre l'individu ayant intériorisé, au moyen de la production de l'Objet intérieur à double face, tous les schèmes instinctifs de la sexualité et de l'agressivité naturelles.

### 4.

A cette première contradiction ne tarde pas à s'ajouter une seconde, plus pénible et plus profonde, celle entre le devoir et l'instinct, entre le renoncement et la spontanéité.

Fait surprenant et qui mérite de retenir toute notre attention, ce n'est pas d'abord à des actes immoraux réels que s'appliquent les reproches de conscience de l'être humain. Les scrupules n'étouffent pas les psychopathes, ces personnes dont il n'y a qu'à stimuler légèrement les mécanismes déclencheurs pour que les réactions en chaîne s'y succèdent à un rythme accéléré jusqu'à la consommation de l'acte. Même dans des êtres plus complexes, mais qui se laissent facilement entraîner à certains actes pervers, prenons comme exemples certains homosexuels, on peut constater que leurs sentiments de culpabilité portent moins sur les actions perverses elles-mêmes, vite classées et oubliées, que sur des pensées et des désirs intimes fort anodins, s'il faut en juger par leur peu de réalité. Le peuple s'étonne de l'absence de remords chez un certain nombre de criminels. S'il était mieux informé de leurs dispositions secrètes, il s'étonnerait davantage encore devant le contraste entre le raffinement de leurs scrupules touchant un secteur inoffensif de leur vie intérieure et leur insouciance à propos des crimes réels qu'ils commettent. C'est illogique, c'est un signe incontestable d'immaturité, mais combien conforme aux expressions élémentaires de la culpabilité! Le propre d'un être adulte est de bien placer ses remords, de voir les fautes où elles sont, de se juger sur ses actes. Si c'est là un idéal que l'être humain ne réalise que partiellement et qu'à l'âge de la maturité et de l'expérience, il faut en conclure qu'aux débuts de la vie psychique ce n'est pas un phénomène naturel.

Les drames de conscience commencent par se jouer sur une scène intérieure. Y a-t-il des remords plus aigus, que ceux qu'on éprouve à la suite de certains rêves, à propos de situations et de désirs imaginaires? Comme l'homme serait plus moral s'il éprouvait à l'égard de ses actes mauvais réels l'angoisse que diffuse en lui tel songe à contenu délictueux! L'éducation morale consiste précisément dans le transfert de la culpabilité et des sensations qui l'accompagnent, du domaine fantasmatique au domaine réel. Mais le fait qu'un transfert de ce genre s'impose nous renseigne sur le point d'apparition des sentiments de culpabilité : l'inconscient.

Dans les premières crises de conscience de l'être humain, le conflit se situe non dans la réalité, mais dans l'imaginaire. Il ne s'agit pas d'éviter la reproduction d'actes condamnés ou interdits, mais d'empêcher la croissance interne de schèmes instinctifs qui, peut-être, n'ont jamais donné lieu encore à des comportements effectifs. L'aventurière sexuelle éprouve moins de remords que la femme célibataire en guerre contre ses fantômes. Celle-ci ne cesse pas un instant de se trouver face à ses impulsions absolues et autonomes, d'autant plus impérieuses et tyranniques qu'aucune satisfaction réelle ne leur est donnée. Celle-là ne connaît que les problèmes de la réalité; ignorante de tous les mécanismes de l'intériorisation, elle peut mener une existence variée et dangereuse, son esprit n'en est pas torturé : elle n'a pas de monstres intérieurs. Le déclenchement de son système de réactions sexuelles la conduit à travers les occasions de la vie à la consommation fréquente de l'acte sexuel. L'Objet intérieur, le noyau pulsionnel avec son ambivalence, l'inhibition de ce noyau, toutes ces choses qui sont à la base de la vie psychique inconsciente, jouent en elle un rôle mineur et ne réussissent pas à entamer le caractère naturel et spontané de ses comportements d'attaque et de séduction. Non liée intérieurement, elle garde une allure de sauvageonne, allure qui est son meilleur atout auprès de ceux des hommes qui souffrent de leur complexité et ont la nostalgie de l'innocente simplicité animale, allure aussi qui excite la rancune et la jalousie inconscientes des femmes convenables, paralysées, elles, par le système autonome des interdictions psychiques.

Certes, ces dernières femmes auraient tort d'essayer de revenir en deçà de leur être complexe. L'évolution psychique est irréversible. La vraie solution ? Elle est au-delà de l'inconscient, dans l'expression gracieuse et aisée des contenus psychiques profonds, dans une utilisation positive, à des fins de rapprochement, de tous les aspects secrets de la vie intérieure. Ce dépassement des conflits donnera un naturel nouveau, plus riche, plus dense et plus grave. Mais il est prématuré de le décrire maintenant.

Il faut avancer sans précipitation et bien comprendre d'abord la nature des interdictions intimes. Nous venons de voir qu'elles ne portent pas d'emblée sur des comportements, mais sur des images de comportement, non sur la réalité de conduites extérieures, mais sur les virtualités de ce noyau intime que nous avons dénommé pulsionnel.

Ce noyau pulsionnel, nous savons qu'il est suscité et consolidé par l'action permanente de l'Objet intérieur à double face. Il est un nœud de contradictions que l'individu n'a aucun intérêt à voir grandir comme tel. Plus l'attention psychique se concentrerait sur l'Objet intérieur anonyme et intemporel, plus l'organe des impulsions agressivo-sexuelles augmenterait ses dimensions. Il en deviendrait monstrueux. Cela signifierait en même temps une amplification intolérable du sentiment de contradiction. Or, c'est sans doute pour prévenir une croissance excessive de la contradiction perverse que le psychisme individuel développe un nouveau noyau, celui-là destiné à diminuer l'emprise de l'Objet intérieur et à arrêter un encombrement de l'existence par les contrariétés inhérentes à la vie instinctive. C'est un noyau à fonction réductrice.

C'est le moment de nous souvenir que tout ceci se passe en dehors de la réalité, sur un théâtre strictement intérieur et privé. Il n'est pas question d'inhiber des actes réels, de contrecarrer des séquences effectives. Alors quoi? Comment comprendre la fonction réductrice du nouveau noyau en formation? Comment imaginer la lutte contre quelque chose d'intérieur, contre une construction formelle du psychisme, contre ce que nous avons appelé le système formalisé des pulsions sexuelles et agressives? Cela ne peut se faire que par un jugement consistant à diffamer le système en question.

Gardons-nous de considérer l'action de ce Sur-moi, (tel est le terme freudien pour ce nouveau noyau) comme un mouvement réel s'opposant à d'autres mouvements réels. Des conceptions de ce genre resurgissent sans cesse. Elles viennent de notre incapacité à saisir le caractère propre aux phénomènes psychiques. Ceux-ci ne sont pas simplement des mouvements en miniature. La fonction réductrice que nous venons d'attribuer au nouveau noyau psychique ne consiste pas dans un mouvement matériel d'opposition. A l'immatérialité des tendances psychiques absolues correspond l'immatérialité des moyens de lutte que l'individu invente pour ne pas succomber à la contradiction de ses tendances autonomes. Il ne s'agit donc pas de mouvement, mais de jugement, non d'une action matérielle de fuite mais d'une appréciation du caractère mauvais des tendances, non d'une force répressive mais d'une instance judicative. Le nouveau noyau qui se construit pour assurer l'équilibre interne est l'organe de la condamnation, de l'interdiction formelle.

Espèce de pouvoir législatif et judiciaire, le Sur-moi

est une production spontanée du psychisme, qui s'arroge le droit de régner sur le système des pulsions ou des désirs intérieurs : il en accepte certains, en condamne d'autres. Sa souveraineté est plus ou moins absolue. Elle risque d'être d'autant plus tyrannique que les désirs sont plus troubles et confus. Il est commode de régner sur un peuple dont les intentions sont claires : franchement bienveillantes ou franchement hostiles. Mais l'exercice du pouvoir devient difficile quand il doit compter avec des groupements dont les buts avoués ne coïncident pas avec les intentions cachées. Il y a ici une causalité circulaire : plus les partis occultes se multiplient, plus le pouvoir doit se faire tyrannique; mais plus la tyrannie s'accentue, plus aussi on suscite la formation de groupes occultes insaisissables. C'est ce qui arrive à l'intérieur du psychisme, quand les désirs sexuels sont un mélange confus et inextricable de bienveillance et d'hostilité. Le Surmoi y discerne avec difficulté ce qui est bon et ce qui est mauvais. Il condamne l'ensemble pour avoir tout apaisement. Mais en réaction à ce pouvoir aveugle et sévère, les désirs se camouflent davantage, ce qui accroît encore l'inquiète vigilance du juge intérieur. Nous comprenons ainsi la coexistence, dans les premières manifestations de la vie sexuelle, de pulsions d'autant plus fortes et contraignantes que la condamnation est plus massive et plus indifférenciée, et de sentiments de culpabilité d'autant plus torturants que les désirs mènent une vie plus souterraine.

Tous, nous entretenons en nous un juge. Mais sa sévérité change d'une personne à l'autre. Est-elle excessive et sans discernement, les désirs se révoltent et acquièrent un caractère à la fois effrayant et fascinant, ce qui rend difficile leur contrôle et leur synthèse. Par contre, est-elle modérée, les désirs sont considérés avec bienveillance, sans être approuvés. Leur existence étant tolérée dans certaines limites, ils se démasquent sans trop de résistance et acceptent de s'intégrer à la vie psychique de l'individu.

Ces métaphores relatives à la plus ou moins grande sévérité du juge intérieur ont un fondement objectif dans la réalité psychique. En réponse à la formation du noyau pulsionnel, organe des désirs sexuels et agressifs autonomes, le psychisme produit en soi le noyau inhibiteur, organe opposé au premier et chargé de le contrecarrer chaque fois qu'il y a un risque d'excès pulsionnel.

Entre ces deux noyaux s'établissent des relations d'amitié ou d'opposition, d'obéissance ou de révolte, de bienveillance ou d'hostilité, analogues aux échanges que nous pouvons observer, dans les groupes humains organisés, entre la loi et les besoins, entre l'autorité et les subordonnés.

En tout être humain normalement évolué, nous trouvons la dissociation entre une instance morale de nature législative et judiciaire et un ensemble de désirs bruts de nature impulsive. Entre les deux parties du psychisme, les rapports sont marqués de plus ou moins de bienveillance, de plus ou moins de sévérité. Parmi les individus, il y a ceux qui jugent leurs désirs avec une extrême méchanceté, et d'autres qui sans les approuver indifféremment, les considèrent d'un regard indulgent, avec une bonté qui est le signe, non d'une faiblesse, mais d'une force sereine.

Mais laissons pour le moment les différences individuelles; à la recherche des étapes du développement psychique et du progrès vers la relation sexuelle heureuse, demandons-nous comment le juge intime s'y prend pour empêcher les excès du désir. Ce n'est pas une force qui s'oppose à d'autres forces, étant donné que les désirs, système formalisé de séquences instinctives, n'ont eux-mêmes qu'un dynamisme imaginaire ou fictif. L'action de la nouvelle instance psychique est de juger : elle condamne, elle interdit, elle concède, elle approuve, elle punit, elle récompense. Ce n'est pas sans une grande perspicacité que la morale traditionnelle parle de la « voix de la conscience ». Il ressort aussi de l'observation clinique qu'il s'agit plus d'une voix que d'une force. Cette voix rend la justice et fait la loi.

Mais au nom de qui? Elle ne peut pas le faire en son nom personnel, ce serait enlever toute signification à ses jugements; elle doit le faire au nom d'une autorité objective et impersonnelle. Toutes les condamnations et toutes les constitutions de l'ordre social humain sont des proclamations au nom d'un roi ou d'une république. Il n'en va pas autrement dans l'ordre psychique. La voix de la conscience cherche à parler au nom de quelque chose. Ainsi apparaît dans le psychisme, pour soutenir et fonder l'action de la nouvelle instance, un nouvel Objet intérieur, ayant celui-là valeur d'autorité ou de loi. C'est en son nom que s'énoncent les interdictions, les condamnations et les punitions intérieures.

Le complexe de castration dont j'ai déjà parlé et qui semble jouer un rôle à des degrés divers chez tout être humain, masculin ou féminin, même en dehors de toute menace réelle de la part de parents ou d'autres adultes, se renforce sous l'action de ce nouvel Objet intérieur. Les choses se passent dans le monde psychique comme si pour condamner toute activité sexuelle (nécessairement perverse, comme nous l'avons vu antérieurement), quelque chose dans l'individu agitait le fantôme effrayant d'un Être capable de supprimer ou de léser les organes de la vie sexuelle. Le complexe de castration, dans l'esprit de la psychanalyse actuelle, n'est rien d'autre que la manière imagée, mais intensément ressentie par la partie la plus primitive de notre psychisme, dont s'exprime le juge intérieur pour arriver à ses fins : la condamnation des segments instinctifs.

Cet Objet intérieur, fondement des interdictions et des punitions, peut revêtir de nombreuses apparences. En soi, il n'est rien de déterminé, il est

aussi anonyme que le premier Objet intérieur produit
par le psychisme, aussi informe et indifférencié que
lui. Il est la chose primitive qui alimente toutes nos
représentations conscientes ou préconscientes de
l'interdiction. Il est comme la Défense par excellence.
Ce n'est qu'à travers le prisme de l'imagination que
la Défense comme telle prend la forme d'un monstre
qui nous blesse, d'un Père ou d'une Mère qui nous
châtie, d'un Personnage royal qui nous méprise,
d'un Dieu qui nous fait mourir ou nous envoie aux
Enfers. C'est avec les données de la perception et de la
pensée que le psychisme donne à la défense intérieure
une forme objective, la projette sur notre écran intérieur.

Le célèbre complexe d'Œdipe est une de ces formes
projectives, probablement universelle, non au sens
qu'elle se retrouverait telle quelle dans toutes les
civilisations, mais au sens où toute œuvre d'art est
universelle. La signification de ce complexe est
accessible à tout être humain, lequel peut y trouver
une des expressions les plus fidèles de son angoisse,
liée à l'activité sexuelle. Dire d'une personne qu'elle
est paralysée dans ses conduites par des éléments
« *œdipiens* », revient à expliquer qu'elle voit toute
relation sexuelle comme une relation incestueuse
avec sa Mère, punissable par le Père, interprétation
projective dont l'effet principal est le renforcement
de toutes les inhibitions. Dans la fable d'Œdipe,
l'Objet intérieur primitif est représenté par la Mère,
l'Objet intérieur secondaire par le Père mort, mais

toujours présent comme Interdiction. Nos rêves sont
construits sur le modèle du drame de Sophocle.
Ils procèdent comme lui et comme la plupart des
œuvres de l'art, de la même structure psychique, celle
dans laquelle nos désirs sexuels grevés d'agressivité
subissent nécessairement et simultanément l'attrait
d'un Objet intérieur irrésistible et les sévérités d'une
Défense primordiale.

Si l'on envisage les modalités primitives de l'action
du Sur-Moi, il apparaît comme un être sévère, juge
rapide et violent, tenant plus du bourreau que du
sage. D'un mot : il menace. Il est comme une voix
sourde, au départ peu articulée, imprécise, qui évoque
de vagues, mais terribles dangers sur le chemin de
la réalisation des désirs sexuels. Progressivement,
avec le développement de la perception et de l'imagination, les menaces se précisent et prennent des
formes qui ont pour elles une certaine vraisemblance.
C'est alors chez celui qui est tenté par des activités
sexuelles, la peur d'être jeté aux Enfers, de se préparer
un supplice éternel, d'être honni par père et mère,
de perdre ses forces vives, de devenir idiot ou malade.
Il n'est pas rare de rencontrer dans les sanatoriums
des tuberculeux persuadés que leurs accidents
pulmonaires sont une suite de leurs prétendus
débordements sexuels. Combien d'adolescents n'y
a-t-il pas qui attribuent l'affaiblissement de leur
mémoire à l'apparition et à la réalisation de quelque
désir sexuel nouveau ? Il est même des adultes pour

qui chaque relation sexuelle est un pas vers la mort. Argumentant de l'exemple de quelques vieillards cardiaques qui ont trouvé la mort en s'épuisant sur une femme, ils mesurent leurs efforts sexuels et ne manquent pas d'y mêler à chaque fois l'appréhension de quelque conséquence funeste pour leur santé physique ou morale. Prodigieux est le pouvoir d'aberration de l'imagination : elle réussit à présenter l'acte vital par excellence comme un risque mortel. A cette fin lui viennent à point les histoires qu'on raconte depuis des générations sur la mante religieuse, sur les abeilles ou quelqu'autre espèce animale dont les mâles infortunés connaissent en même temps l'amour et la mort.

Il serait pourtant erroné d'attribuer à l'Objet interdicteur un rôle complètement négatif. Par ses jugements, il interdit mais aussi, il autorise. Il distingue le bien du mal. Si dans les débuts de la vie sexuelle il est sévère et tyrannique à l'excès, c'est à cause du caractère confus et trouble que revêtent alors les tendances sexuelles. Elles s'avèrent à la fois bonnes et mauvaises, elles recèlent de la bienveillance et de l'hostilité, et même de la cruauté; plus exactement, elles sont des segments instinctifs indéterminés, aussi facilement utilisables par l'amour que par la haine! Aussi l'exercice de l'autorité intérieure commence par la défense pure et simple, sans discernement, pour éliminer à coup sûr tout ce qui sent l'hostilité et la malveillance. Pour être assuré de supprimer l'ivraie, il faut que toute la récolte soit fauchée. Mais petit à petit, l'autorité se nuance, sa vue s'affine, son esprit de discernement se développe. Moins entière dans ses condamnations, elle arrive à distinguer de mieux en mieux dans les segments instinctifs autonomes ce qui est bon et ce qui est mauvais. D'abord ses distinctions sont rudimentaires et superficielles, mais par la suite, observant plus attentivement les segments instinctifs, elle réussit à les analyser en leurs éléments constituants, les uns acceptables et favorables à l'individu, les autres dangereux et nuisibles. Mais ce discernement exact de la valeur des segments demande que ceux-ci trouvent des commencements d'expression sur lesquels l'autorité soit en mesure de juger.

Mais avant d'analyser le progrès du discernement intérieur entre la bonne et la mauvaise sexualité, entre ce qui est autorisé et ce qui est défendu, il faut s'armer contre la tentation de se représenter ces progrès en termes de conscience claire et distincte, comme si l'individu était déjà arrivé à désigner avec précision, à nommer sans ambiguïté la plupart des segments instinctifs qui s'amorcent en lui. Nous sommes encore dans l'innommé, dans le non-figuré, dans ce qui est purement structurel. En effet, à quoi sommes-nous arrivés jusqu'ici? Quel est le résultat obtenu par ce que nous avons appelé la mitose psychique, cette différenciation spontanée du psychisme en noyaux ou organes distincts?

Nous sommes maintenant en mesure de faire l'anatomie et la physiologie du psychisme humain, anatomie et physiologie qui coïncident à proprement parler avec l'inconscient des psychanalystes. En dessous, nous trouvons le noyau pulsionnel, organe des tendances à la fois sexuelles et agressives, sensibilisé à l'Objet intérieur attrayant et désespérément récalcitrant. Au-dessus, nous observons un noyau inhibiteur, organe de défense, dénommé le Sur-Moi, et sensibilisé à toute forme de Loi ou de Défense. Entre les deux noyaux, les rapports sont fréquents, mais tendus. Opposition analogue à toutes celles que nous trouvons déjà au niveau des pures réactions physiologiques, entre le système sympathique et parasympathique, entre les hormones excitatrices et inhibitrices, entre les centres nerveux de stimulation et de freinage. Le psychique répète, à un niveau supérieur, le physiologique. Par son opposition entre l'impulsion et la défense, entre le plaisir et la loi, il en reproduit les articulations essentielles.

Mais laissons là ces comparaisons et tenons-nous en à l'analyse strictement psychologique. Ce qu'il faut retenir de cette description de la mitose psychique, c'est le caractère à la fois dynamique et formel des noyaux que nous avons découverts. Bien qu'il ait fallu, pour s'en expliquer, utiliser des images, des métaphores en provenance de la vie consciente éveillée, les tendances antagonistes décrites jusqu'ici n'ont encore pris aucune figure concrète. Ce sont des dynamismes purs : tendance autonome au plaisir comme tel, tendance autonome à la répression comme telle. Rien encore n'est nommé ou imaginé. Les segments du plaisir sexuel existent en eux-mêmes, orientés sur un Objet intérieur, qui n'est aucun objet réel, mais se formera bientôt par bribes et morceaux empruntés à des personnes réelles. De même façon, les segments de l'inhibition et de la condamnation subsistent en eux-mêmes, à l'état pur, animés par un autre Objet intérieur, celui-là même qui prendra plus tard la figure d'un père castrateur, d'un Dieu cruel ou d'une Loi impitoyable, mais sans jamais coïncider exactement avec quelque autorité réelle et concrète de la société humaine. C'est le conflit sans nom ni figure, la déchirure profonde et essentielle à l'être humain, dont nous lisons des transcriptions infiniment variées dans les légendes, les mythes et les religions.

## 5.

C'est peu à peu que l'inconscient, ensemble de dynamismes purs et intemporels, prend figure. L'individu étant soumis à la pression de désirs contradictoires, se trouvant écartelé entre le plaisir et le devoir, son imagination lui présente spontanément des situations fictives sur lesquelles il pourra s'entraîner, librement et sans les risques d'une action réelle, à trouver des solutions. Pour parler en termes finalistes dont la valeur est très approximative, c'est comme si, interrogée sur la légalité ou la licéité des tendances sexuelles et agressives, l'autorité intérieure répondait qu'elle est incapable d'en décider dans l'abstrait et qu'elle ne peut en juger que sur pièces, comme si alors l'individu inventait un certain nombre d'histoires, de contes, en priant cette autorité d'en discerner le bien et le mal. Pour définir le véritable mécanisme que je veux suggérer par cette allégorie, il faudrait comprendre le rôle exact de l'imagination humaine, cette faculté qui prépare à l'action sur des modèles de comportement fictifs. Qu'il suffise d'évoquer ici la situation intolérable de l'individu, aux prises avec ses Objets intérieurs contradictoires, situation qui cherchera à s'exprimer, en lui, au moyen de figures et d'actions fictives, et cela en vue d'une élucidation et d'une résolution des problèmes. Pour beaucoup de psychiatres, les constructions délirantes du psychotique procèdent d'un effort spontané de guérison : elles sont une mise en place, sur une scène imaginaire, des multiples aspects de ses véritables conflits internes. Ne peut-on pas en dire autant des rêves humains, ces constructions délirantes de l'être humain normal ?

Ces rêves ne sont pas franchement sexuels. Ils sont faits d'histoires compliquées; les questions y sont posées d'une manière indirecte, avec prudence, sans qu'on ait l'air d'y toucher. Les segments instinctifs de la sexualité et de l'agressivité s'enrobent dans des contes invraisemblables, mais qui n'en sont pas moins des débuts d'expression sur lesquels on appelle un jugement. Du reste, celui-ci est donné aussi dans un langage imagé, celui des enfants et des primitifs : « la femme est un gouffre sans fond, dans lequel on ne peut faire qu'une chute sans fin; belle comme elle est, méfiez-vous en, elle cache en elle une sorcière; craignez les coups mortels, les couteaux, les marteaux, les voitures de vos grands rivaux, etc... ». Figures de l'inconscient, les rêves racontent à la fois les pulsions et les défenses.

Souvent, les gens ont peur de leurs rêves. Ils ne les adoptent que bien décantés. Il n'y a en général que les plus grands parmi les artistes, qui osent les accueillir tout à fait, tels qu'ils se présentent à leur naissance : effrayants, terribles, extrêmes dans les plaisirs comme dans les châtiments. Ces personnes disposent de bons moyens d'expression, sons, couleurs, images, mots ou concepts, pour laisser apparaître complètement les formes terribles de leur inconscient, sans en craindre la fascination. En revanche, il n'y a pas de doute que certains êtres deviennent pervers ou criminels par pénurie de moyens d'expression inoffensifs : ils n'ont, pour s'exprimer et se purifier, que des comportements.

L'erreur serait de croire que leurs rêves ou ceux de l'artiste soient plus sadiques ou masochistes que ceux du commun des mortels. Pourquoi, sinon, ceux-ci prendraient-ils tant de plaisir à la lecture des œuvres dramatiques ou des journaux à sensation? A leur naissance, les rêves de tout être humain sont dramatiques. C'est par de longs procédés de décantation, de purification qu'il réussit à les rendre anodins ou amusants. Les premiers rêves des enfants sont en général des cauchemars. Il faut du temps pour que ceux-ci soient remplacés par des rêves d'agrément.

Les premières figures que l'inconscient se donne ne peuvent être autrement que dramatiques. Songez donc aux caractères du dynamisme pulsionnel et des défenses primordiales qui le contrecarrent. Pour cela, il vous faut revenir en arrière et vous rappeler la nature des segments instinctifs qui ont été intériorisés : il y est question d'incorporation, d'excrétion, de viol, en un mot de sexualité violente et brutale. Exprimés en figures, en récits suggestifs, ces segments formels donnent des histoires sado-masochistes où les personnages, autant de figures de soi-même, attaquent, blessent, s'écrasent, tombent sous une voiture ou dans un précipice, pleurent et consolent. Ajoutez à ces représentations symboliques des tendances perverses, les figures dont se revêt le Sur-Moi interdicteur, et vous comprendrez l'apparition dans les rêves de personnages sévères, autoritaires et armés.

Dans les rêves primaires, la sexualité se présente rarement sous les dehors sereins et délicieux de la nature. Cette image est tardive dans le développement humain. Elle ne vient qu'après une lente décantation des images de violence et de saleté que la sexualité inconsciente charrie dans sa représentation du plaisir. Allons plus loin, jamais être humain est-il arrivé à ce degré d'innocence où la fusion sexuelle, expression extrême et extatique de la bienveillance de deux corps l'un pour l'autre, se trouve entièrement débarrassée de l'idée d'une chose brutale, sordide et criminelle? La condition humaine est telle qu'elle traîne jusque dans les moments du plus grand amour physique quelque image odieuse. Elle est telle aussi que les interdictions sociales, faciles à supporter par quiconque est arrivé à une vie sexuelle satisfaisante, ne perdent jamais complètement le visage absurde et sévère qu'elles portent dans notre vie inconsciente. Tentations et interdictions : ces deux pôles de la tension psychique produisent les images kaléidoscopiques de nos rêves et leur donnent ce caractère dramatique où s'alimentent toutes les grandes œuvres de l'imagination.

Jusqu'à présent, le lecteur s'est peut-être étonné du peu de cas que j'ai fait de la différence des sexes : mâle et femelle. C'est qu'en effet depuis l'inhibition initiale jusqu'à la formation, y comprise, de la structure psychique inconsciente (pulsions — interdictions — contradictions entre les deux noyaux), l'évolution semble relativement identique dans les deux sexes. De part et d'autre, l'excitation érotique se transforme en une impulsion perverse, mélange de sexualité et d'agressivité. De part et d'autre aussi s'opère un travail d'intériorisation par lequel l'impulsion perverse se porte sur un Objet immanent. Enfin, dans les deux cas, en opposition au noyau pulsionnel se développe un Objet interdicteur. Bref, l'inconscient n'est pas seulement, comme le pensent les psychanalystes, atemporel mais encore asexué.

Ce n'est qu'à partir du moment où l'inconscient prend figure concrète, dans les élaborations préconscientes du rêve, que les différences sexuelles, surtout celles qui sont anatomiques, entrent en scène et commencent leur rôle. Certes, ce ne sont pas les organes sexuels eux-mêmes, pénis et vagin, qui vont d'emblée hanter les rêves de l'homme ou de la femme. L'élaboration intérieure des tendances n'a pas encore été assez profonde pour que lui ou elle puisse penser à ces organes en toute franchise. C'est l'inverse qui est vrai. D'abord l'inconscient utilise pour la confection de ses histoires, de ses rêves, les différences anatomiques les plus visibles, et les plus grossières. Sur cette base, des créatures imaginaires de deux espèces apparaissent, les unes armées, puissantes et combatives, les autres démunies, faibles, toujours en situation de victime ou de martyr. Or, c'est cette image globale de l'homme et de la femme qui donne sa valeur aux détails. Si le rôle attribué par l'inconscient à l'homme est celui de la force et de l'activité, on peut prédire que le pénis, siège principal de la sexualité virile, sera représenté par une arme dangereuse, image si fréquente dans les histoires grivoises de l'humanité. En revanche, si le rôle le plus agressif des drames intérieurs est attribué à la femme, son vagin ne manquera pas, à un moment donné, de devenir une caverne vorace dans laquelle on court le danger d'être blessé, trituré avant d'y être définitivement et mortellement englouti.

Il est effrayant de penser que beaucoup d'humains continuent toute leur vie à voir les personnes réelles de l'autre sexe et leur propre personne à travers le prisme déformant et grossissant de l'image que leur inconscient s'est faite de l'Homme et de la Femme. Certes, chaque femme déterminée que nous rencontrons dans la vie réagit plus ou moins souvent par quelque conduite agressive. C'est sans grande importance, à moins que ce détail ne réveille en nous l'image latente du monstre engloutisseur, de la caverne vorace. Dans ce cas, la manifestation agressive aura beau être anodine dans la réalité des faits, elle créera un état de panique disproportionné par rapport à l'importance effective de la stimulation extérieure, mais proportionné à la grandeur terrifiante de notre image intérieure. Je n'hésite pas à dire que la plupart des tempéraments susceptibles et irritables portent en eux un grand nombre d'images effrayantes de cette sorte, à travers lesquelles ils interprètent les menus faits de la réalité. Combien de femmes n'y a-t-il pas qui voient dans le moindre geste d'autorité de l'homme un indice de sa tendance à la tyrannie et à l'égoïsme, tendance qui lui est prêtée par leur imagination ? On n'oserait pas jurer que les théories scientifiques sur le tempérament actif de l'homme, passif de la femme, ne soient pas en grande partie une projection de l'inconscient occidental, surtout quand on connaît d'autres civilisations qui ne font aucune distinction, sous le rapport de l'activité et de la passivité sexuelles, entre l'homme et la femme.

Dans l'esprit de l'individu à tendance perverse, à sexualité agressive, il est naturel qu'apparaissent spontanément ces grandes et dramatiques dichotomies : agresseur-victime, agressé-agresseur, agresseur-agressé, dichotomies qui sont projetées par la suite sur les êtres et les événements réels, lesquels acquièrent par là des dimensions fantastiques, effrayantes, à la mesure des constructions imaginaires. Plus l'agressivité latente dont est chargée la sexualité est intense, plus probables et tenaces deviennent les agrandissements fictifs d'opposition réelle. Que ces dichotomies soient projetées sur des oppositions ethniques — grecs et barbares, élus et gentils, gens de la plaine et gens de la montagne — ou sur les différences sexuelles — mâles et femelles, hommes et femmes —, cela dépend sans doute des hasards culturels. Mais il est remarquable que toujours, quelle que soit la réalité sur laquelle la dichotomie imaginaire jette sa lueur tragique, l'adversaire fantastique, (le barbare, le païen ou le sexe opposé) exerce une puissante fascination : la grande peur est mêlée d'un aussi grand attrait, auquel n'hésitent pas à répondre les êtres qui sont considérés par leurs semblables comme particulièrement forts, comme capables de mépriser les lois faites pour le timide commun des mortels. De ce phénomène de fascination, nous trouvons l'explication dans la nature de la sexualité perverse : l'agressivité dont était lestée la sexualité est attribuée à l'objet de l'excitation érotique, qui devient par le fait même un être fantastique, à la fois terriblement dangereux et porteur de jouissances inconnues. Le double visage de l'instinct sexuel et de l'Objet intérieur est appliqué à des réalités extérieures, assez séparées et lointaines pour se prêter à toutes les falsifications.

Ce qui est remarquable aussi, c'est la facilité avec laquelle dans ces représentations préconscientes, l'individu peut faire fi de son anatomie sexuelle réelle. Considère-t-il la femme comme l'incarnation de la puissance qui serait en fin de compte toujours victorieuse, il se prendra pour une femme, niant soigneusement l'existence du pénis ou le transformant en une sorte de sein offert à la bouche du partenaire. S'agit-il d'une femme qui se lamente sur sa condition d'être inférieur et envie le sort de l'homme, elle cherchera sur son corps ou en lui tout ce qui peut faire office de membre viril : chevelure, poitrine, jambes, cerveau ou enfant. La réalité se laisse traiter avec désinvolture par l'imagination, laquelle en abstrait les détails expressifs et s'en sert pour monter les scénarios dictés par l'inconscient. La loi des rêves n'est pas à chercher dans les propriétés objectives du réel, mais dans la dialectique de cet inconscient, constitué par la fusion de l'agressivité et de la sexualité, et par la déchirure entre le plaisir et l'interdiction. Les personnages de nos rêves, hommes et femmes, vieillards et enfants, ennemis et amis, monstres et bienfaiteurs, ne sont que des symboles du scénario. Et celui-ci exprime le débat intérieur de l'individu qui cherche à se retrouver dans les contradictions de son inconscient, pour arriver ensuite à dissocier la sexualité de l'agressivité, et à concilier le plaisir avec l'interdiction. Pour tragiques qu'ils soient, les rêves ont ceci de commun avec les névroses et les psychoses, sortes de rêves qui empiètent trop sur la réalité, qu'ils constituent une véritable activité créatrice, une tentative de résolution des dilemmes de la perversion.

Proches de la structure psychique profonde, les premiers rêves de l'individu humain particulier comme de l'humanité collective sont grossièrement tragiques : il y est question de sang, de vol et de viol, de tortures et de métamorphoses horribles ou comiques, de mort et de vie. L'homme et la femme y ont des figures très contrastées. Tantôt c'est lui, tantôt c'est elle qui domine et est l'être parfait. Chacun des deux sexes y passe de la gloire à la déchéance, de la victoire à la défaite. Quand l'un monte et grandit, l'autre descend et diminue. Histoire dramatique de la lutte imaginaire des sexes dont les conflits réels ne sont qu'un pâle reflet !

A cet endroit, beaucoup de lecteurs refuseront de me suivre comme ils refusent de suivre telle et telle affirmation à l'emporte-pièce de la psychanalyse. Ils trouveront le tableau trop sombre. Ils y opposeront l'absence chez eux de ce fond dramatique, de ces images perverses, de ces plaisirs sado-masochistes, de ces craintes infantiles et sauvages. Pourtant, ils m'accorderont qu'ils me comprennent. Cela me suffit. Le simple fait qu'ils savent de quoi je parle témoigne de quelque connivence profonde, indice furtif mais infaillible de la subsistance en eux des schèmes agressifs et pervers de la vie inconsciente. La vérité, c'est que nous oublions vite les crises dont nous sommes sortis victorieux, et que les tensions de l'inconscient n'arrivent à notre conscience que neutralisées, privées de leur charge initiale.

En effet, sous l'influence discriminative du Sur-Moi, les tendances inconscientes se mettent à produire des rêves plus sereins, plus apaisés, et par conséquent plus acceptables. L'agressivité initiale se fait moins violente, la sexualité moins gourmande. Maintenant, les segments instinctifs trouvent à se traduire en des images que l'individu peut facilement accepter.

Ce qui est remarquable dans ce raffinage des contenus du rêve, c'est la diminution de la quantité d'agressivité ou de pseudo-agressivité. Non pas que les éléments d'agressivité soient exclus du rêve ou de la vie inconsciente, mais bien du comportement réel de l'individu. Les rêves dramatiques du début sont eux-mêmes une manière d'évaporer la perversité et l'agressivité latentes de l'individu. Ce dont on rêve, il n'est plus nécessaire de le réaliser. Fonction bienfaisante de l'imagination qui remplace par des actions fictives, projetées sur l'écran intérieur, des actions qu'il serait funeste de consommer dans la réalité. Travail d'expression qui est en même temps de purification. Les éléments essentiels de l'inconscient (tentations perverses et interdictions cruelles) subsistent et continuent à imprégner la vie psychique, mais de plus en plus « raffinés », de plus en plus acceptables. Aussi faut-il dire qu'en passant de l'inconscience à la conscience, les tendances sexuelles subissent moins une censure qu'un raffinage.

La plupart des difficultés psychiques viennent alors du fait qu'une bonne partie des contenus inconscients, n'ayant pas réussi à s'exprimer et à se raffiner, continuent dans le psychisme leur fermentation, menace permanente pour l'équilibre de l'individu. Beaucoup pensent qu'il est dangereux d'exprimer les tendances profondes : ils confondent réalisation et expression. En vérité, l'être humain souffre bien moins du refoulement que de son incapacité à s'exprimer. Le psychanalyste ne le sait que trop bien, lui qui voit les malades psychiques chercher à s'exprimer, à se faire comprendre. Ces malades reprochent souvent au monde de ne pas mettre sur leur chemin des personnes assez patientes et assez attentives pour les aider à s'exprimer, c'est-à-dire à se débarrasser par le récit, par la parole, des mouvements les plus profonds et les plus secrets qui fermentent au fond d'eux-mêmes.

Les rêves de la nuit, puis ceux du jour, sont déjà des expressions parfaites et complètes de la tension propre à la vie inconsciente. Il n'est que de les comprendre en poursuivant plus intensément le travail d'expression. Ordinairement, ce travail s'arrête quand les rêves intérieurs sont, de l'avis du sujet, assez raffinés pour oser s'exprimer au-dehors et diriger une action effective. Alors, on peut s'engager dans la réalité, sans appréhender d'explosions inattendues de la part de tendances perverses obscures. L'individu est à présent mûr pour s'aventurer dans la réalité, pour entamer des contacts avec l'autre sexe, pour s'ouvrir de ses sentiments. Ceux-ci n'étant plus dangereux, ayant perdu beaucoup de leur nature explosive, l'individu peut se rapprocher de celui ou de celle qui correspond le mieux à son image du partenaire idéal.

Dans les chapitres suivants, nous observerons que même après l'établissement de contacts réels, la sexualité n'est pas entièrement délestée de tendances agressives à l'égard du partenaire, que de part et d'autre du couple en formation ou formé, une certaine quantité d'hostilité reste mêlée aux sentiments de tendresse. Mais en règle générale, la dose qui en subsiste est inoffensive. S'il n'en est pas ainsi et que es deux partenaires ne soient pas encore parvenus à dissoudre la plus grande partie de leur agressivité intérieure, élément constituant de la sexualité inconsciente et perverse, il faudrait craindre pour ce couple impatient et imprudent des débuts houleux. Aussi est-ce avec sagesse que la plupart des peuples de la terre ont déconseillé à leurs jeunes pubères de s'engager d'emblée dans les liens d'une union officielle ou officieuse, qu'ils n'ont pas seulement pris soin de proposer sous quelque forme de fiançailles une plus ou moins longue préparation à l'union définitive, mais encore de conseiller une certaine période d'abstinence de rapports hétérosexuels. Ils savaient trop bien, par leur expérience séculaire, que sans la dissolution préalable de l'agressivité latente, propre aux individus de l'espèce humaine, les relations sexuelles devaient être mauvaises et ne laisser que de l'amertume, cette amertume qui accompagne tout acte, et surtout l'acte sexuel, quand il est imprégné d'hostilité ou de peur. Les rites d'initiation dont on connaît le caractère universel, (l'Occident, loin d'y faire exception, les applique sur une longue série d'années dans ses écoles et dans ses églises) sont généralement fort cruels et mettent à rude épreuve ses victimes obligées, garçons ou filles. Or, la question peut se poser, ne sont-ils pas des moyens magiques de dissoudre l'agressivité latente, espèces de jeu dramatique qui réalisent une bonne fois, de la manière la plus saisissante, des situations conformes aux désirs et aux craintes de l'inconscient, et cela pour qu'il n'en soit plus question à l'avenir et comme pour extraire de l'individu le plus mauvais de l'agressivité inhérente à sa sexualité ? Sans doute, le novice doit faire preuve de qualités qui lui seront nécessaires dans son état d'adulte. Ainsi, le garçon devra révéler s'il a les qualités viriles dont son clan ou sa famille (femme et enfants) auront besoin pour écarter les dangers extérieurs, pour assurer leur subsistance. Mais ce sens obvie ne semble pas être le seul. Il ne rend pas compte de certaines cérémonies de mutilation ou de castration symbolique. La vérité, me paraît-il, est que ces rites visent précisément à séparer l'agressivité de la sexualité, de manière que l'individu prêt à entrer dans le monde des adultes use de la première pour défendre sa femme, ses futurs enfants et son clan, mais dispose entièrement de la seconde en vue de la satisfaction et de la procréation. Ils auraient donc pour office de purifier le contenu de l'inconscient, non pas par une méthode de déchets, mais par une méthode d'analyse, consistant à séparer ce qui était mêlé, à recueillir d'un côté les éléments d'agressivité, de l'autre les éléments de sexualité.

En tout cas, il me paraît que les rêves nocturnes et diurnes de l'être humain remplissent ce rôle d'analyse. A force de charger l'inconscient et le préconscient de la responsabilité de toutes les paralysies psychiques, la psychanalyse aura contribué, contre son gré, à répandre dans l'opinion une conception injuste à l'égard de cet inconscient et de ce préconscient : mauvais, il faudrait s'en défier comme de nos démons les plus dangereux. L'erreur vient de la confusion entre le contenu de l'inconscient, assurément démoniaque, et son rôle, assurément constructif.

C'est le moment de résumer les étapes parcourues. Nous nous trouvions au départ de l'analyse avec des amorces de comportement sexuel pervers, en réponse à des êtres excitants, mais qui se refusaient. Premier progrès : les segments instinctifs qui composent le comportement sexuel pervers se portent sur un Objet intérieur et acquièrent ainsi une immanence qui épargne à l'individu et aux autres les périls d'une action réelle. Second progrès : le système formel des pulsions perverses pouvant devenir un dynamisme plus grave et plus dangereux que de simples réactions organiques, suscitées par les circonstances, il se développe un Sur-Moi interdicteur et législateur qui diminue le pouvoir efficace de la perversion et l'oblige à se conformer à des règles, à des compromis, à une élucidation progressive de ses buts. Troisième progrès : menace pour l'équilibre de l'individu, la tension entre les tendances et les interdictions doit se liquider; l'action n'est pas possible puisque toute tentative est interdite; c'est l'écartèlement entre le oui et le non; il ne reste que la projection de cette tension sur un écran intérieur, celui de l'imagination, laquelle exprime et analyse les conflits latents et prépare ainsi une confrontation avec la réalité.

Au point où nous en sommes, nous trouvons l'individu, masculin ou féminin, avec ses rêves conscients, fine fleur du lent et obscur travail sur les données brutes de l'inconscient, et précieuse substance qui va donner son arôme aux relations sentimentales prêtes à naître. Le gain de tout le travail effectué jusqu'ici est clair : les actes agressifs ont été freinés; la perversion n'a abouti à aucun acte catastrophique; la tension intérieure est soulagée; et par-dessus tout, les tendances sexuelles ont commencé à se décanter de leurs éléments corrosifs. Des ouvertures à un partenaire peuvent être tentées. On ne se sent plus trop dangereux et du même coup on ne craint plus autant de la part de ses « semblables ».

# CHAPITRE QUATRIÈME

# L'EXPRESSION
# DE LA SEXUALITÉ INCONSCIENTE;
# LE NARCISSISME

Pour capter l'attention de la femelle, le paon fait la roue. Il déploie son plumage à l'extrême. Tension qui augmente sa surface perceptible et multiplie les chances de stimulation érotique. Or, de quels moyens dispose l'être humain ? Il faut d'abord lui en attribuer un certain nombre qu'il a en commun avec les autres espèces animales : la pression sanguine, la tension musculaire, le balancement du corps, les sons modulés de sa voix, même l'odeur de sa transpiration. Mais il faut y ajouter tous les artifices de son invention : il relève son odeur par des parfums; il perfectionne les sons de sa voix en chant et en musique, le balancement du corps en danse; il rehausse les couleurs de son teint naturel par du fard. Cette élaboration systématique des excitants naturels, où il fait preuve d'une imagination fertile, prolonge les habitudes du monde animal. De ce point de vue, la seule différence est dans le degré des variations : les moyens de la plupart des espèces animales sont stéréotypés et se transmettent sans changement notable d'une génération à la suivante, tandis que ceux de l'espèce humaine, en nombre presque indéfini, se renouvellent et se nuancent d'après les âges, les époques et les lieux. Les caprices de la mode humaine sont en nombre illimité.

Mais la différence entre l'homme et l'animal ne se réduit pas à cet élément quantitatif. Tout de suite vient à l'esprit une différence qualitative. En effet, par un paradoxe inattendu, les artifices dont l'être humain dispose ont beau s'offrir en quantité innombrable, il est rare que l'être s'en serve d'emblée, dès l'expérience des premières excitations érotiques. A l'adolescence, même souvent à l'âge adulte, le voilà timide, peu naturel dans son maintien et dans sa voix, sans liberté de mouvement ni d'expression. Il y a bien sûr des exceptions et des variations, mais chez les êtres les plus confiants en eux-mêmes, un apprentissage du naturel est indispensable, quoiqu'il puisse prendre peu de temps. Ce que nous avons dit de l'inhibition, de l'« intério-risation » des tendances nous en donne la raison. Il n'est plus question d'y revenir. A présent, il est intéressant de voir ce que l'être humain fait de sa perversion, de ses inhibitions et de ses rêves. Par un mécanisme qui témoigne de l'habileté admirable de la nature et dont nous trouvons de nombreux exemples dès les niveaux les plus bas de la vie, ce qui était obstacle se transforme imperceptiblement en moyen positif. Cette sexualité perverse, dont nous avons suivi les vicissitudes dans le psychisme secret, et qui devrait être une cause de répulsion pour un quelconque partenaire, n'hésite pas à s'exprimer en des formes qui prennent le rôle, chose inattendue, de stimulants érotiques. Les résistances deviennent des invitations.

Et nous voilà devant cette différence qualificative avec l'animal, la plus importante et celle dont nous allons entamer l'analyse : *l'être humain dispose de moyens expressifs*. Quand le paon fait la roue, il n'exprime rien. C'est parler improprement, en termes anthropomorphiques, que d'en faire l'expression d'un désir. Cette tension organique qui a pour effet le magnifique déploiement du plumage n'est rien d'autre qu'elle-même. Elle est action, et non pas expression. Unité de mouvement dans la chaîne réactionnelle qui doit conduire le mâle à la femelle en période de rut, cette tension n'a une valeur qu'instantanée. Elle ne cache derrière elle qu'un ensemble de transformations physiologiques liées à l'action des gonades, de la température et de la lumière. Elle n'a en amont d'elle-même aucun désir. C'est seulement chez les humains qu'apparaissent des actions expressives, c'est-à-dire des gestes et des paroles derrière lesquels on devine la pression des rêves et des craintes du psychisme inconscient.

## I.

Voici trois exemples de nature à illustrer la différence entre des actions directement excitatrices et des actions expressives. Le premier, c'est la vie courante qui nous le présente. Il est banal. Chaque homme, en effet, à condition d'être un peu raffiné, établit une nette distinction entre la femme simplement belle et élégante, et celle dont la beauté et l'élégance résident dans l'expression. La première n'est peut-être qu'une splendide femelle, aux traits naturellement beaux, rehaussés à leur tour par des artifices d'invention humaine. Sans complexe ni vie intérieure, elle se limite à être et à paraître comme le paon de tout à l'heure. Presque tout entière dans son corps, dans ses traits et ses artifices, les braves gens disent qu'elle manque de fond. Ce n'est pas qu'elle déplaise aux hommes. C'est même sur les plus profonds et les plus torturés parmi ceux-ci qu'elle a chance d'exercer le plus d'attrait. Ne leur offre-t-elle pas, à eux qui souffrent de complications mentales, l'image de la simplicité, la promesse d'un repos dans une chose sans replis ? Elle ne comprend rien à de telles complications, ayant juste assez d'intelligence pour mettre en valeur ses traits et ses formes. En revanche, la seconde, peut-être dépourvue de la perfection ou des charmes de la première, a une nature expressive : dans ses yeux passent des éclairs, sa bouche est toujours prête à dire des mots au sens mystérieux; même ses mains éveillent de la peur et de l'espoir. Tout son corps est parole. Ce n'est pas au premier ni au second coup d'œil que sa beauté éclate. Seule l'observation attentive la révèle pour ce qu'elle est : un destin inconscient suggéré dans un corps. C'est la *Nadja* d'André Breton : « Nous nous arrêtons à la terrasse d'un café voisin de la gare du Nord. Je la regarde mieux. Que peut-il bien passer de si extraordinaire dans ces yeux? Que s'y mire-t-il à la fois d'obscurément de détresse et lumineusement d'orgueil? »[1]. C'est la *Perdita* de John Cowper Powys : « Elle n'était ni laide ni jolie... Sa bouche, une de ces bouches qui trouvent difficile de rester patiemment fermées, que quelque sentiment extrême rend presque toujours frémissantes, dessinait, en cette heure, une courbe pleine d'abattement. Son menton était, sans aucun doute, celui de ses traits qui trahissait le plus de faiblesse et, à la lueur de la lanterne du bateau, Perdita le laissait exprimer une impuissance et un désespoir qui, instantanément, auraient disparu si quelqu'un lui avait adressé la parole. Elle aurait alors relevé la tête et quelque chose de fier se serait accusé dans la courbe de son nez, sans parler de la dignité qu'eût exprimé le front bien dessiné, encadré par les cheveux châtains, ondulant sous le bord du chapeau »[2]. Du même

---

[1] André BRETON, *Nadja*, Paris, Gallimard, 19e éd., pp. 79-80.
[2] John Cowper POWYS, *Les sables de la mer*, trad. franç., Marie Canavaggia, Paris, Plon, p. 24.

auteur et dans le même roman, pour prendre un exemple masculin, c'est le personnage central : *Skald*, appelé le Caboteur parce que son activité était humble et consistait à transporter des marchandises de toutes espèces sur son bateau à moteur le *Cormoran* et sur son camion automobile l'*Escargot*, être de trente-cinq ans, fort mais original et secret, qui vivait retranché en lui-même, et doué d'un « magnétisme sympathique » qui faisait de lui l'homme le plus connu de la côte.

Ces créations littéraires nous amènent au second exemple que j'avais en vue. Celui-là n'est plus du ressort de la psychologie courante, mais pathologique. Il s'agit de l'attirance exceptionnelle qu'exercent sur certaines femmes des destinées criminelles, perverses ou folles. Il n'est pas rare — les journaux intimes de certains détenus ayant occupé leurs loisirs à noter les événements et les impressions de leur vie recluse en portent témoignage — que les personnes célèbres par leurs crimes reçoivent de nombreuses déclarations et propositions de la part de femmes qui se disent disposées à unir leur sort au leur, la peine une fois purgée. Il n'est pas rare non plus que de grands schizophrènes aux idées délirantes, mais à la parole brillante, fassent naître de fortes passions. La chose, dira-t-on, est facilement explicable par l'influence du sentiment maternel, lequel porterait la femme au secours de ces êtres tragiques, abandonnés et rejetés officiellement par la Société. Sans doute partiellement vraie, l'explication est incomplète.

L'inconscience de certaines âmes féminines serait-elle à ce point grossière qu'elle ne les avertirait d'aucun danger et les entretiendrait dans de telles illusions sur les chances de salut réservées à des infortunés de cette espèce ? Les motifs humanitaires et maternels paraissent inventés après coup, justifiant d'un attrait dont les raisons sont inconscientes et relèvent des lois de la séduction érotique. Si ces femmes perdent à ce degré le sens de la réalité, c'est qu'il y a envoûtement. Là semble être l'explication. Les destinées criminelles ou pathologiques reflètent si bien les drames inconscients de l'être humain qu'ils en deviennent excitants. Le crime comme la folie, produits grossiers de la tension psychique, se chargent de valence érotique. Pourvu qu'ils aient du style et un rien de spectaculaire, ils suscitent plus d'attrait que de répulsion. De trouver des existences si conformes à leur destin psychique, ces femmes n'ont de cesse qu'elles n'aient réussi à s'en approcher. Sans aller aux extrêmes ni aux exceptions, il n'est que de penser au succès, même près de braves et honnêtes gens, du sensationnel, du dramatique, parfois de l'ignoble, quand il a « de la classe ». Tout cela prouve en fin de compte que les manifestations de l'inconscient, si monstrueux, si déchiré soit-il, peuvent aisément, dans des conditions qui resteront à fixer, acquérir une valeur d'expression et de stimulation peu négligeable, différente en qualité de celle des simples excitants organiques.

Un dernier exemple est d'ordre plus technique. Il s'adresse à ceux des lecteurs qui pratiquent la psychanalyse ou connaissent la littérature sur le sujet. Ceux-là savent que dans une cure psychanalytique, non seulement le patient en arrive rapidement à s'étonner ou à se défendre de sentiments troubles à l'égard de l'analyste, mais que celui-ci également éprouve, s'il n'est pas de fer, ce qui est souhaitable en matières si délicates, des attirances vers celui ou celle qu'il a instamment invité à s'exprimer en toute franchise. C'est le phénomène du contre-transfert, exact correspondant, du côté de l'analyste, du phénomène du transfert qui joue, lui, du côté de l'analysé. Faut-il, pour l'expliquer, en appeler d'emblée à l'inconscient du psychanalyste ? Non, si on admet la valeur expressive et érotique en soi de la manifestation verbale, par le patient, de ses conflits intimes. Surtout quand celui-ci, plutôt hystérique, parvient à les présenter sur le vif, il en émane une fascination sur laquelle il serait impardonnable au psychanalyste de s'aveugler. Certes, cette fascination s'explique par l'isomorphie entre l'inconscient de l'un et l'inconscient de l'autre. Encore faut-il admettre au préalable que la manifestation des conflits entre sexualité et agressivité, entre plaisir et interdiction, conflits qui forment la substance de l'inconscient, puisse, comme telle, devenir stimulante et s'ajouter aux stimulants naturels plus simples, tels que les formes, les couleurs et les parfums.

Nous avons déjà vu que la plupart des êtres criminels, pervers ou psychonévrotiques manquent de moyens d'expression. Leur drame est qu'ils doivent recourir à de vrais actes pour se purifier de leurs démons. C'est du moins une partie des raisons qui expliquent le déterminisme contraignant de leur comportement, l'autre partie relevant de la quantité disproportionnée de tendances hostiles dans le mélange sexualité-agressivité. Normalement, quand les conflits ne sont pas trop aigus et que l'individu s'est habitué à remplacer les actes réels par des actes symboliques, les choses par des images et le réel par le verbal, la liquidation se fait spontanément par des manifestations expressives sans effet matériel. L'avantage de celles-ci est double : d'une part elles soulagent, d'autre part elles servent à la séduction. Que ceux qui n'en sont pas encore convaincus, réfléchissent au succès, dans le domaine sentimental, de toutes les personnes dont le métier est de produire du plaisir par une forme d'expression ou l'autre : poètes, musiciens, acrobates, danseurs et ainsi de suite.

## 2.

Mettre en lumière les choses obscures peut se faire par de nombreux moyens, aussi différents les uns des autres que le sont entre elles les aptitudes corporelles : sons, mouvements, couleurs, paroles. Mais les conditions de la mise en lumière sont identiques à travers les formes d'expression les plus

diverses. Il faut d'abord une condition négative :
les manifestations de l'inconscient ne sont stimulantes
et érotiques qu'à la condition de n'être pas seulement
un reflet fidèle de la réalité. Un énoncé scientifique
n'a rien d'excitant, alors que la destinée d'un savant
peut être assez tendue, assez dramatique, pour donner
de l'émotion. La description objective, dans les
termes neutres du physiologiste ou du psychologue,
ne donne un commencement d'excitation qu'à l'obsédé
sexuel à qui il n'est pas jusqu'aux chiffres ou aux
symboles les plus abstraits qui ne donnent des « idées ».
En règle générale, mais sans oublier que tout langage
garde quelque chose de ses origines, on peut cependant
considérer que tout énoncé strictement « factuel »,
c'est-à-dire qui ne se donne pour objectif que la pure
information, a peu retenu de la valence érotique dont
est chargée toute expression fraîchement sortie de
l'inconscient. Les littératures les plus réalistes diffèrent
toujours en quelque chose des traités scientifiques.
Parler simplement, froidement, crûment de la sexualité
n'est pas le fait des premières manifestations de
l'inconscient. Et on enlève à une œuvre d'art sa
fascination quand on y montre par exemple l'expression
d'un simple désir de rapports sexuels. Dans l'art,
tout est et doit être symbole. Et n'oublions pas que
l'être humain vit dans le symbole avant de vivre
dans la réalité.

Dans nos rêves, c'est-à-dire au stade préconscient,
les dilemmes entre la sexualité et l'agressivité, entre

le plaisir pervers et l'interdiction, ne s'expriment pas en images objectives, mais en représentations schématiques, on pourrait dire caricaturales. Jusqu'à présent, dans le développement et les vicissitudes de l'excitation érotique initiale, la sexualité se trouve mélangée à tant d'agressivité et à tant d'oppositions internes qu'elle ne s'est pas encore nommée ou représentée à l'esprit en toute objectivité. Quand l'adolescent en crise, quand l'adulte schizophrène imagine la lutte entre les puissances d'amour et de haine dans le monde, entre les rigueurs de la Loi et les appels du Désir, ils sont loin encore de penser à des rapports sexuels proprement dits. L'instinct sexuel n'est pas encore assez débarrassé de ses constituants corrosifs pour que le plaisir soit conciliable avec l'ordre social et qu'il puisse se présenter sous sa figure la plus concrète.

Dans tous les domaines de l'activité, à plus forte raison dans celui des relations sensuelles, l'objectivité comme considération respectueuse et bienveillante de la réalité se situe, non au commencement, mais au terme de la maturation. A la naissance de la vie sexuelle ne se trouve qu'une excitation érotique. C'est seulement à l'autre extrémité du développement, si tout se déroule à souhait, que nous trouverons l'abandon l'un à l'autre de deux êtres se portant un intense intérêt réciproque. Entre les deux extrémités, l'une discrète, à peine perceptible et enfouie dans les entrailles du physiologique, l'autre, limite idéale et asymptotique de l'effort humain, il y a toutes les transformations internes et les essais plus ou moins bien réussis, où la sexualité est trouble et mélangée, ne s'y nommant jamais à découvert, n'existant en rigueur de termes que dans des manifestations symboliques, grosses d'un long passé inconscient et promesses confuses d'un état supérieur situé au-delà de l'art et de la parole.

Comment se fait-il que tant de livres sur l'amour et l'entente conjugale soient si ennuyeux et donnent une si forte impression de vide? Ils sont basés sur une erreur de tactique : ceux qui les rédigent croient faire évoluer les gens en leur présentant l'idéal en perspective. Ce qui est plus grave, on dirait qu'ils ont besoin de ces descriptions idylliques pour entretenir en eux-mêmes et dans les autres les illusions sur soi, comme s'il suffisait à l'homme de vouloir l'amour et d'en parler avec emphase pour le croire réalisé. Les grands artistes qui ne parlent jamais de l'amour parfait, (qu'ils seraient monotones alors!), mais qui expriment les luttes intérieures de la douceur et de la violence en termes symboliques, sont eux de plus grands bienfaiteurs.

Freud a expliqué que la psychanalyse consistait à rendre conscientes les pulsions primitivement inconscientes. Ce travail n'est pas réservé aux cures thérapeutiques. Il se fait sans arrêt, chez tous. Ce n'est que dans les cas où il est pénible et difficile en raison de l'intensité des pressions intimes, qu'il y faut l'intervention extérieure d'un thérapeute. Il est facilité par tous ceux qui se sont donné comme tâche d'exprimer quelque chose de la détresse des désirs humains. Leur aide est d'autant plus précieuse qu'elle alerte moins sur les comportements réels et objectifs et évoque davantage les structures et les dynamismes inconscients.

Quelle est la condition positive, requise pour que la manifestation des contenus et des tensions du psychisme soit érotique? Dans les paragraphes précédents, nous avons énoncé une condition négative : les œuvres expressives doivent être soucieuses, moins de la réalité objective et de l'idéal des choses que de la réalité subjective, de la manière dramatique, comique ou lyrique, dont le sujet humain éprouve et vit ses conflits intérieurs. Or maintenant se pose la question : comment, en termes positifs, se fait la manifestation expressive?

L'idée de lumière nous servira d'analogie. Nous devons en effet nous demander ce qui peut bien produire ces éclairs soudains et magnifiques, qui illuminent de moment en moment la nuit de notre psychisme. Lieu de haute tension, notre inconscient est formé de pôles, positif et négatif. Ce sont ces noyaux dont nous avons décrit plus haut, au chapitre III, la formation et la nature. C'est d'eux que proviennent les éclairs. Il suffit pour cela qu'entre eux viennent se placer des objets qui soient bons conducteurs. Alors se produit une flamme qui tout en éclairant les pôles ou les centres dont elle émane, contribuera à diminuer les charges primitivement données. Les objets bons conducteurs ne manquent pas : ni dans la nature ni dans l'histoire. Une grande armée prise dans la glace, une crevasse qui ouvre sur une grotte enchantée, un personnage important qui glisse sur une peau de banane, un peintre en bâtiment qui devient un des plus grands dictateurs de l'histoire, le nez de Cléopâtre ou les seins d'une jeune fille, une pomme à laquelle il est défendu de toucher, tout cela peut, en raison de sa double nature, servir à mettre en contact les pôles à charge contraire du psychisme inconscient.

Les théories surréalistes d'André Breton ont eu au moins le mérite de montrer que des objets bons conducteurs de l'énergie psychique, il n'était pas nécessaire de les inventer, par la confection mentale de métaphores plus ou moins vraisemblables, sortant tout entières du cerveau des poètes, mais qu'il suffisait de regarder autour de soi, dans sa chambre ou sur la rue, pour en trouver de splendidement efficaces : ce sont les coïncidences frappantes, les « hasards objectifs ». Le mouvement surréaliste passera comme n'importe quelle mode, mais il en restera une meilleure compréhension de l'art, comme manifestation expressive des forces de l'inconscient. Nous comprenons mieux aujourd'hui l'office des artistes : quel que soit le genre auquel ils appartiennent, c'est eux qui cherchent pour nous, qui n'avons pas le temps, dans les choses et dans les événements, les meilleurs conducteurs de l'énergie psychique, qui les extraient de la réalité, les polissent et leur donnent le fini d'un objet technique ne devant plus servir qu'à l'émotion.

## 3.

Après cette digression sur la nature des moyens expressifs propres à l'être humain, revenons au développement de la sexualité et voyons ce que ces moyens lui apportent. La question est en fait mal posée. Elle laisse supposer qu'il y a d'une part une sexualité intérieure, bien constituée, et d'autre part une espèce de garde-robe où elle aurait le choix entre divers habits dont elle pourrait s'affubler pour se présenter au-dehors. Cette trop grossière image, je n'hésite pas à la transcrire, parce qu'elle rend sensible l'erreur que nous ne cessons de pourchasser, à savoir que la sexualité humaine, avec ses désirs, ses tendances et ses peurs, existerait toute faite dans le psychisme. Nous ne répéterons jamais assez qu'elle se constitue insensiblement, d'abord par une élaboration intérieure des séquences instinctives, ensuite, et c'est le point où nous sommes arrivés à présent, par une expression extérieure des produits de l'élaboration intérieure. La sexualité de l'être humain sera humaine ou ne le sera pas, selon que l'excitation érotique initiale aura subi ou non ce double traitement par intériorisation et par expression. En quoi consiste ce dernier, le traitement par expression, le premier ayant fait l'objet des chapitres antérieurs ?

A cet endroit vient à point la notion d'objet bon conducteur : chose, événement ou personnage dont les propriétés sont telles que l'inconscient s'y décharge de sa tension. De ces objets, la sexualité inconsciente en découvre une foule dans la réalité. Elle les attire à soi, se servant de leurs caractères ambigus pour établir un contact éclairant entre ses tensions internes. Elle les investit. Et voilà que nous rencontrons l'une des notions fondamentales de la psychanalyse, celle d'*investissement*, (*Besetzung* en allemand, *cathexis* en anglais). L'image incluse dans ce concept fut trop claire aux yeux des premiers psychanalystes pour qu'ils se vissent obligés de la justifier. Exclusivement préoccupés de suivre chez les individus les mouvements de l'investissement affectif, celui-ci se portant tantôt sur une personne de même sexe, tantôt de sexe différent, tantôt sur soi-même, ils eussent craint de perdre leur temps à réfléchir sur l'image elle-même. Pour moi, je n'hésite pas à perdre ce temps, espérant par là éviter des malentendus, fréquents aujourd'hui entre les psychanalystes et l'opinion savante, et ainsi mieux décrire le progrès de la sexualité vers son épanouissement.

La notion d'investissement n'a de sens qu'au niveau psychique, là où il existe une tension entre contraires, tension à la recherche d'objets de décharge. A l'échelon purement instinctif, elle ne signifie encore rien : là il suffit d'en appeler aux lois de l'excitation et de la réponse, de l'action et de la réaction, ou à des mécanismes de déclenchement. Quand il arrive à des psychanalystes de parler des capacités d'investissement des instincts sexuels ou agressifs, il semble qu'ils soient distraits, utilisant des expressions impropres. L'investissement est toujours une affaire de l'inconscient et du préconscient. Il s'effectue déjà, mais d'une manière encore hésitante et furtive, dans la production des rêves, puisque le contenu de ceux-ci est l'ensemble des images, des souvenirs, des perceptions qui sont comme attirés et organisés par la tension inconsciente. Cet investissement devient net et intense quand la tension psychique profonde ne se limite plus à attirer entre ses pôles des bribes de perceptions et de souvenirs, mais part exercer son choix parmi les choses réelles. A ce stade, l'être humain est une cabine électrique ambulante, un appareil mobile de haute tension qui se meut dans la réalité à la recherche d'objets bons conducteurs, se déchargeant sur les éléments de la réalité les plus ductiles, les plus isomorphes, et donnant à ceux-ci un éclat qu'ils n'ont pas par eux-mêmes.

Sont investis de cette manière, par l'inconscient sexuel (tension entre la sexualité et l'agressivité, le plaisir et l'interdiction), non pas des êtres sans histoire, des personnes arrivées à la sagesse, à l'équilibre et au bonheur, mais de ceux et de celles qui sont les plus ambigus, qui portent en eux ou sur eux le plus de signes de contradiction. Sans craindre la banalité des exemples, songez à l'attrait qu'exercent sur les psychismes élémentaires — et nous restons toujours élémentaires par quelque côté — des personnages comme les rois et les princes, les reines et les vedettes. Objets qui portent sur eux les marques les plus flagrantes de la contradiction, ils évoquent tout ensemble l'idée de plaisirs intenses, de luxe et de luxure, et celle d'interdiction, les plaisirs suggérés n'étant pas accordés au simple mortel. Songez aussi à la fascination qu'exerce sur la plupart des adolescents l'opposition dans le monde entre ceux qui prônent, sincèrement ou hypocritement, un idéal de justice et d'amour et ceux qui passent pour les incarnations de la tyrannie. Songez encore au succès des performances sportives où la vie côtoie la mort à chaque moment d'intense activité, spectacles particulièrement excitants parce qu'ils sont la plus belle projection de la tension intime entre le désir du succès et la crainte de l'échec, entre les deux extrêmes de tout drame : l'excès de l'effort vital et l'imminence de la mort.

Le lecteur s'irritera de ne trouver jusqu'ici, dans ces pages, que des oppositions tranchées en noir et blanc, des dichotomies monotones, qui relèvent de cette forme de pensée primitive qu'on appelle la pensée dualiste. Qu'il en accuse la nature du psychisme inconscient, préconscient et symbolique. Les rêves de l'individu, les légendes populaires et les mythes de l'humanité sont là pour témoigner du caractère dualiste des productions de l'imagination. Parmi ces oppositions, relevant du domaine de la sexualité, il en est une qui est familière à tous les adolescents et à un certain nombre d'adultes : celle entre la femme sensuelle, prostituée ou libertine, sans foi ni loi, et la femme noble, épouse et mère, qui est au contraire la gardienne de la foi et de la loi. Contraste violent entre deux images dont chacune porte en elle la contradiction : la prostituée vous promet du plaisir, mais vous enlève l'honorabilité; l'épouse vous donne un foyer et du prestige, mais vous refuse la satisfaction sexuelle. Il est vraiment très difficile à certains esprits de se représenter que la prostituée puisse avoir une âme ou que l'épouse-mère puisse éprouver des désirs. Et pourtant la réalité est toute en nuances. C'est le schématisme de l'inconscient qui accentue les oppositions et fait d'une différence quantitative une différence qualitative. La prostituée et l'épouse-mère sont des sœurs. Ce sont des semblables. Seul, le dosage de leurs éléments constituants est différent. Mais l'inconscient n'a que faire de ces nuances et de ces mesures. Il hante la surface des choses, y trouve des tons contrastés et les utilise à ses fins d'expression et de décharge.

C'est pourquoi la sexualité inconsciente commence par investir des êtres lointains, inaccessibles, qui ne sont connus que par leur apparence : tel héros ou telle vedette. Il faut beaucoup d'intrépidité pour oser demander à un être en chair et en os, de servir d'objet d'investissement, de se laisser attirer dans les complications de sa propre vie intime. Il est prudent de commencer par des êtres irréels, personnages de la littérature, du cinéma ou de l'histoire, par des choses impersonnelles, symboles de la virilité ou de la féminité. C'est le sens des rêves sexuels éveillés. On y trouve des bribes de réalité, poitrines, chevelures ou jambes qui n'appartiennent à personne, des déclarations qui ne s'adressent à l'oreille d'aucune femme ni d'aucun homme, des scènes lascives dont le lieu et les acteurs sont indéterminés, un mélange de plaisir et de torture sans équivalent dans la réalité ordinaire. Monde changeant, strictement intérieur quoique conscient, où nous retrouvons, cette fois sous la figure de choses réelles, les principaux objets intérieurs de la vie inconsciente. Monde imaginaire qui forme la jointure entre celle-ci et la réalité, cristallisation d'éléments objectifs discontinus autour de ces manchons chargés de désirs et de craintes que sont les éléments de la structure inconsciente.

Fait remarquable, dont je me demande si la psychologie a vu l'importance, une liaison amoureuse s'amorce généralement à la suite de quelque manifestation collective de caractère excitant. Le simple émoi érotique naît à n'importe quel moment, dans n'importe quelle situation : dans la rue, au bureau, en classe, partout où se côtoient les sexes. Mais, pour que deux personnes en arrivent à se déclarer leurs sentiments réciproques, il faut des conditions particulières. Ce n'est pas seulement une exigence sociale, mais encore psychologique. Il faut vaincre des résistances, chose qui se fait plus aisément, plus librement quand on sort d'un spectacle, à la fin d'une danse, aux derniers sons d'une fête. Quand le village mélanésien frissonne tout entier au rythme des tambours, à la tombée de la nuit, et scande les danses rituelles, on voit quelques couples se retirer dans le secret de la brousse des environs pour consommer l'émotion issue de la fête. Toutes les festivités de l'espèce humaine, ayant quelque chose de dramatique, commémorant un événement extraordinaire, reflètent les tensions intimes de l'individu. Elles donnent à celui-ci l'occasion et le droit de s'exprimer, ce qui entraîne toujours une libération de l'instinct sexuel. Il n'est pas jusqu'à nos soirées profanes qui n'entraînent, par le va-et-vient de la danse, par les multiples sous-entendus, grossiers ou délicats de la conversation, par la chaleur de l'air et l'effet des boissons alcoolisées, une élévation du taux de l'émotion, qui ne soient par conséquent une projection sommaire de l'inconscient de chacun. Aussi ne faut-il pas s'étonner si elles favorisent, pendant ou après, des déclarations impossibles en temps normal.

Je ne prétendrai pas que le sens des fêtes humaines soit exclusivement érotique. Elles relèvent aussi du sacré et du jeu. Les kermesses de village sont toujours liées à de grandes dates liturgiques. Commémoratives d'événements décisifs, (conjuration d'une peste, fin d'une guerre, déploiement d'un miracle), elles sont représentatives et symboliques du drame humain, de la lutte du bien contre le mal, de la vie contre la mort. Mais, grands jeux dramatiques, elles débouchent nécessairement sur le plaisir et finalement sur l'érotisme. Aussi est-ce pendant et après leur déroulement que des couples prolongent l'effet du déclenchement des émotions, et en arrivent spontanément aux paroles et aux actes liés à l'amour physique. C'est la meilleure illustration du caractère érotique des manifestations expressives de l'inconscient.

Qu'il faille généralement aux êtres humains des circonstances exceptionnelles, reflet des éclairs de l'inconscient, pour qu'ils s'engagent dans des relations sentimentales et sexuelles, prouve trois choses. D'abord qu'ils ont à se purifier de tous les mouvements complexes qui se sont construits sur l'excitation érotique primitive, ensuite que l'expression de ces mouvements où se jouent à la fois le désir et la peur (les avances et les reculs de la danse) devient à son tour un excitant sexuel, et enfin qu'il ne leur est pas si facile, aux humains, de s'approcher réellement d'un ou d'une partenaire désirable. Certes, il y a de grandes différences entre les individus, par exemple entre le bellâtre inconscient, qui fonce à travers les obstacles et le jeune homme rougissant qui se demande avec tremblement comment il arrivera à dire à celle qu'il aime un rien de ce qu'il ressent. Mais dans tous les cas, il faut un minimum d'élaboration intérieure et d'expression symbolique. C'est après un temps, plus ou moins long d'après les âges, les tempéraments et l'intensité des dynamismes intérieurs, que l'individu sort de ses symboles pour investir, de ses affects, *un être de chair et de sang*. Et encore, il ne commencera pas, dans ses premières tentatives, par un être qui lui est étranger ou extérieur, mais par un être qui lui est propre : sa personne à lui. C'est le phénomène du narcissisme.

## 4.

Nous avons parlé jusqu'à présent des moyens expressifs que l'être trouve dans la réalité : nature ou histoire. Il est donc dans une disposition *passive*. Il porte simplement son intérêt, un intérêt qui sourd des profondeurs de l'inconscient, sur toute chose, sur tout événement, sur tout personnage dont les apparences sont dramatiques et en accord avec son conflit intérieur. Plus ou moins rapidement, selon son caractère et son expérience, il surmontera cette passivité pour devenir actif et pour donner à ce dont il dispose le plus librement, son corps et son âme, une valeur expressive et érotique. Le narcissisme n'est rien d'autre.

C'est une nouvelle étape importante dans le développement de la relation sexuelle, étape positive si nous la référons aux étapes antérieures (refoulement, auto-érotisme pervers), mais étape encore fort éloignée de l'établissement final du lien sexuel.

Superficiellement parlant, le narcissisme consiste dans un amour sexuel qui porte sur soi-même. Si nous l'analysons davantage, nous constaterons qu'il s'agit d'un comportement effectif par lequel l'individu regarde et organise son Moi, c'est-à-dire l'ensemble de ses traits corporels et mentaux, de manière à les rendre plaisants et séducteurs. Le narcissisme est une conduite plutôt qu'un amour. Il est une façon de se composer une image de soi. L'individu s'organise d'une certaine manière, puis regarde l'effet que cette organisation produit sur lui-même, avec l'espoir que le même effet s'exercera sur autrui. C'est comme une répétition solitaire du travail de la séduction. Il s'agit de faire de son corps et de toute sa personnalité une chose expressive et par conséquent un objet d'investissement offert aux tensions psychiques des partenaires virtuels.

Dans le narcissisme, Freud l'a bien vu, se révèle toujours une intention d'envoûtement magique [1]. Une action sur autrui est recherchée indirectement. On vise à faire de l'effet. Dans ce sens, le comportement narcissique constitue un vrai dépassement de l'auto-érotisme inconscient et préconscient, et même de l'attitude passive qui consiste à subir simplement

[1] S. FREUD, *Zur Einführung des Narzissmus*, G. W., vol. X, p. 140.

l'effet libérateur de tous objets expressifs de la nature et de l'histoire. Il est un pas dans la réalité. Si l'individu ne s'engage pas encore sur la scène de la vie sociale, il s'y prépare comme l'acteur qui répète son rôle devant une glace ou dans les coulisses. Certes, cet entraînement à l'action séductrice peut parfois durer des mois et des années chez tel individu trop timide pour passer en scène, puis s'engager dans une relation réelle. C'est le moment de rappeler la loi générale du développement humain : une étape, si positive soit-elle par rapport aux élaborations intérieures, devient un phénomène pathologique quand elle dure et qu'elle fait obstacle à de nouveaux développements.

Pour nous, maintenant, il est question de voir le progrès qui s'accomplit, par le narcissisme, sur la pure passivité des investissements spontanés du sujet. Nous avons vu que la tension psychique se portait, à peu près sans collaboration de l'individu, sur les objets et les personnages les plus expressifs de son champ perceptif. Avant que des actes soient faits pour s'approcher réellement d'un partenaire attirant, il faut une étape intermédiaire, celle du narcissisme, qui consiste à se donner une apparence aussi expressive et donc aussi érotique que possible. L'individu ne se contente plus de voir se jouer sous ses yeux les dilemmes de sa vie inconsciente. Il va s'efforcer maintenant de manifester dans son propre personnage les conflits latents entre la sexualité et l'agressivité, entre le Désir et l'Interdiction. En laissant ainsi transparaître à travers son Moi, devenu expressif, l'essentiel des tensions psychiques latentes, il lui donne un éclat analogue à celui d'une œuvre d'art ou d'un personnage symbolique.

A cet égard, la danse solitaire du primitif est instructive. Dans les bars africains, il est fréquent de voir les individus danser chacun pour soi. Une glace leur renvoie l'image de leurs mouvements rythmés où s'expriment tour à tour, dans une espèce de drame sans récit, la violence et l'abandon, les désirs et les refus. Le danseur est occupé à organiser et à perfectionner les moyens expressifs de son corps. Il est pris et emporté comme par une dialectique cachée, celle de l'inconscient, qui cherche à prendre corps dans les muscles du visage, des membres et du bassin. Ce qui arrive progressivement au jour, c'est une sexualité emphatique, accompagnée de toutes ses manifestations de peur, d'anxiété et de joie victorieuse. Tout le polymorphisme inconscient affleure et se précise dans ces mouvements au rythme mobile, tantôt lents, tantôt rapides. L'individu élabore sous son propre regard critique l'ensemble des signaux sexuels destinés à envoûter tout qui cherche dans le monde extérieur des objets expressifs ou, comme nous les avons appelés, bons conducteurs de la tension psychique interne.

Dans les tribus que j'ai pu visiter, ces danses narcissiques et magiques sont aussi bien le fait de l'homme que de la femme, des personnes âgées que des plus jeunes. Même quand la danse se fait par couple, on a l'impression que c'est par une simple imitation des mœurs de l'homme blanc occidental, qu'en réalité, du point de vue psychologique, le couple n'existe pas, chacun étant surtout préoccupé de soi-même et de ses propres évolutions. Et on en vient à se demander si nos danses modernes, sous la forme d'un homme et d'une femme enlacés, ne sont pas des produits tardifs de la civilisation, rendus possibles par le développement intensif de la subjectivité et de l'intersubjectivité. Dans la plupart des sociétés humaines de la planète, la danse se fait soit isolément, soit par groupes, mais toujours avec la préoccupation dominante d'être aussi magique que possible et de rendre les corps aussi sensibles qu'il se peut aux rythmes de la tension psychique inconsciente.

Dans notre société, si ces danses d'allure magique et narcissique ne subsistent plus que dans la chorégraphie, il reste la ressource du miroir pour se composer le visage et la toilette. La jeune fille passe beaucoup d'heures devant la glace, surtout quand elle se prépare à un rendez-vous. C'est le même narcissisme : essayer sur soi l'effet de son corps. Mais, au-delà de ces expressions claires et élémentaires de l'amour narcissique, il y a des formes plus subtiles et plus élaborées. Dans sa difficile, mais riche étude sur le narcissisme, Freud les a résumées sous le nom d'*Idealbildung* : la formation d'un Moi Idéal.

L'individu, sous l'influence des goûts sociaux, se compose un personnage attrayant, et ne cesse de mesurer ses actions et ses désirs sur un idéal qui se construit insensiblement en lui. Une conduite aussi élevée et aussi noble que l'examen de conscience peut répondre partiellement à ce besoin d'observation narcissique, à ce souci de perfectionner l'image de soi la plus désirée par le groupe ambiant.

Il vaut la peine d'analyser le contenu symbolique qui cherche à s'exprimer dans les personnages élaborés par le narcissique en face de son miroir matériel ou mental. La plupart des traits de cet être idéal proviennent, bien entendu, des jugements de valeur du milieu environnant. Ils reflètent les comportements et les qualités qui ont cours dans une société donnée. Mais, quelle que soit l'origine de ces traits, il nous faut en comprendre la symbolique secrète.

Dans la danse du noir devant la grande glace du Bar, le symbolisme est manifeste : à des conduites stylisées de violence et d'agressivité succèdent des conduites, aussi stylisées, de douceur, de détente et d'union. Sans entrer dans les détails et les nuances variables à l'infini, on y trouve toujours, outre l'allusion à des relations sexuelles proprement dites, l'affirmation de la victoire de l'amour sur la haine, de la confiance sur la peur, de l'étreinte amoureuse sur la destruction sadique. Le personnage que se composent devant le miroir nos jeunes filles est souvent provocant : les éléments les plus érotiques du corps s'y trouvent à la fois mis en relief et cachés. Jeu subtil, à peine esquissé, toujours stylisé, du corps qui se cache juste assez pour exacerber le désir. Jeu cruel de présentation et de retrait de soi, dont on fait entendre qu'il ne durera pas éternellement, mais qu'il est préliminaire à un abandon. C'est dans la notion de provocation que nous trouvons un des sens les plus clairs du narcissisme.

L'individu se compose un personnage où s'extériorisent à la fois le désir et le refus sexuels, les pulsions et le refoulement des pulsions, la perversion (sexualité agressive) et l'amour (sexualité gratifiante). En faisant ainsi de son corps et de son Moi un moyen d'expression des luttes intérieures, il leur ajoute un supplément de valence érotique. Il rehausse les facteurs naturels de séduction d'un éclat nouveau, celui qui vient des profondeurs de l'inconscient.

Cette analyse vaut-elle pour le Moi Idéal de la théorie freudienne ? A première vue, il semble bien que non. Ce Moi Idéal est présenté par Freud comme le facteur le plus puissant du refoulement des tendances sexuelles. Il serait comme le condensé de toutes les normes culturelles et morales, transmises par les adultes, parmi lesquels les parents viennent en première ligne. Il serait comme une incarnation de tous les désirs perfectionnistes des parents et de la Société (éducateurs, maîtres, opinion publique). Bref, au lieu d'être une forme plus subtile d'érotisation du moi individuel, au lieu d'être un premier pas hors de l'auto-érotisme pervers inconscient, il serait, dans un sens diamétralement opposé, le grand facteur de refoulement des désirs inavouables.

Freud a compris les insuffisances de cette analyse de 1914 puisqu'il sentira en 1923, la nécessité de remplacer ou de compléter la notion de Moi-idéal par celle de Sur-Moi. Oui, le Sur-Moi est le facteur psychique du refoulement. Comme nous l'avons vu, il procède de l'identification inconsciente avec les instances interdictrices de la société. Le concept du Moi-idéal devient-il alors inutile? Non pas. Une fois qu'on cesse de lui attribuer une fonction de défense et de refoulement, on peut mieux en apercevoir le rôle spécifique et positif.

L'analyse de Freud nous met sur la voie. La construction de cet idéal, nous dit-il, est destinée à satisfaire le narcissisme primaire, celui par lequel l'enfant cherchait à être aimé inconditionnellement par ses parents, plus particulièrement par sa mère. Retenons cette intention : être valorisé et aimé par quelqu'un, comme on l'a été, durant les premières années de sa vie, par sa mère ou son père. Nous apercevons ainsi que par ses comportements narcissiques, l'individu cherche à augmenter la valence érotique de soi-même.

L'erreur est de prendre du Moi-idéal une vue trop abstraite, d'en faire une chose, un objet immobile, détaché des mouvements psychiques et de n'y mettre

que les désirs de perfection, de générosité, de
renoncement qui sollicitent l'individu. Dans la réalité
du développement psychique, les conduites narcissiques sont plus complexes. Reprenons l'exemple
de l'examen de conscience dans sa forme profane
ou religieuse. Il s'y passe une confrontation entre
l'honnête et le malhonnête, entre ce qui est pervers
et ce qui est bon, entre l'égoïsme et la générosité.
Ce qui importe, ce n'est pas d'abord et exclusivement
les résolutions qui sortiront de cet examen, mais
le spectacle que nous nous y donnons de notre situation
intérieure et de ses tensions, avec l'intention d'exercer
ensuite une action magique et envoûtante sur quelque
puissance transcendante : Dieu, si nous sommes
croyants, l'Opinion publique ou une chose similaire,
si nous n'admettons qu'une transcendance historique.
L'examen introspectif de soi-même est, dit-on, une
prise de conscience. C'est reconnaître qu'il y a là
comme une mise en images stéréotypées, en concepts
précis et définis, de mouvements intérieurs qui,
avant cette prise de conscience, étaient seulement
sentis, éprouvés, vécus dans une espèce de conscience
marginale, peu attentive et imprécise. Laquelle mise
en images et en concepts ressemble fort, n'est-il
pas vrai, à la stylisation des traits et des mouvements
du corps que recherche le danseur. Quiconque
s'observe et s'examine fait un vrai travail d'élaboration
intérieure. Il emprunte à sa vie réelle antérieure les
différents mouvements vécus, puis les transforme en

des mouvements de haine et d'amour stylisés, et construit ainsi de lui-même une image qui doit avoir pour premier effet de lui attirer la faveur des autres ou de Dieu. Le souci d'améliorer son comportement dans la vie réelle est secondaire, comme le prouve l'inefficacité fréquente, à cet égard, des nombreuses heures consacrées à l'introspection.

Freud a défini le narcissisme comme un investissement libidinal du Moi : *eine Libidobesetzung des Ichs* [1]. Comment devons-nous maintenant comprendre cette définition qui est remarquable ? Le moi, nous le savons depuis les débuts de cet ouvrage, est l'ensemble organisé de nos fonctions corporelles et mentales. Or, cet ensemble peut devenir un objet d'investissement, un objet bon conducteur des tensions psychiques intimes. En devenant ainsi le moyen d'expression de l'inconscient, il prend une valeur érotique et magique. Aussi pouvons-nous présenter le Moi idéal comme le moi réel exploité dans un but libidinal. Les fonctions corporelles et mentales sont utilisées à des fins magiques et expressives. Il s'agit moins d'un investissement du moi par l'énergie sexuelle pure, que de son investissement par les contenus variés et contradictoires de l'inconscient dans un but érotique généralisé. Le terme de *libido* indique moins l'énergie dont se charge la personnalité du sujet que la fin poursuivie par ce travail qui consiste

---

[1] *Zur Einführung des Narzissmus*, p. 141.

à charger la personnalité de tout le poids et de toute la richesse des contenus inconscients. Ce serait se limiter trop que de parler d'un simple investissement par l'énergie libidinale ou sexuelle. Ce n'est pas seulement l'instinct sexuel, pris dans son sens strict exclusif, que l'individu reporte sur soi-même. C'est la totalité de l'inconscient et du préconscient, comprenant aussi bien les désirs sexuels qu'agressifs, les tendances au plaisir que l'appréhension des interdictions, qui utilise la personnalité, le moi réel, pour s'y exprimer, pour se styliser en elle et acquérir ainsi une valence érotique accrue. Dans le narcissisme, tous les dynamismes de l'inconscient cherchent à s'emparer de tous les traits du moi. Ou inversement, l'individu assouplit tous les caractères de son être physique et mental pour laisser y affleurer la tension inhérente aux structures profondes et cachées de sa vie intime. Bref, il augmente la conductibilité psychique de son corps et de son moi.

Quand Narcisse se mire dans l'eau du lac, il ne se contente pas d'admirer son image. Il cherche à donner à son visage et à son corps le plus d'attraits. Et même ce but, il ne l'obtient pas en se limitant à des sourires ou à des poses alanguies. Ce serait un Narcisse bien stupide. En fait, il se donne toute une gamme d'attitudes et de traits. Il se fait des grimaces et des sourires. Il exprime tour à tour la révolte, le découragement, l'espoir et la joie. Le jeu qu'il se joue dans le miroir des eaux, n'est pas monotone. Il comporte tout l'éventail des émotions et des sentiments. Narcisse charge son corps de l'énergie des affects. Il cherche à l'assouplir de manière à le rendre sensible au moindre influx en provenance de l'inconscient. La théorie freudienne du narcissisme a été comprise dans un sens trop restreint, comme si Narcisse était simplement amoureux de son corps. Elle méconnaît tous les actes par lesquels il exprime des sentiments autres que l'amour, ceux de la violence, du désespoir, de la souffrance. Ce sont tous les épisodes du drame intérieur que le narcissique travaille à manifester dans son corps propre, afin de lui donner un maximum d'attrait érotique.

## 5.

Le « corps propre », comme champ privilégié pour la manifestation des tensions inconscientes, ne doit pas être compris dans un sens restrictif. Il ne s'agit pas seulement de l'entité anatomique. Il faut y inclure toute la personnalité : l'apparence extérieure, les propriétés de la voix, les jeux du regard, mais aussi le langage et les idées. C'est le « Moi » entier, avec toutes ses facultés d'adaptation, qui sert à l'expression. Mais, il n'en reste pas moins vrai que le corps proprement dit y joue vite un rôle prédominant, en vertu de sa nature palpable et durable. *Verba volant, corpus manet*, pourrait-on dire. Les paroles et les idées ne cessent de changer et de se transformer les unes dans les autres. Leur flux est insaisissable. Tandis que le corps, au sens restreint, est toujours là, avec ses qualités et ses défauts, avec sa forme et ses organes. Aussi peut-on constater qu'avec les progrès de la sexualité, l'intérêt de l'individu passe des choses spirituelles et mentales aux apparences physiques. Parmi les parties du corps, il en est qui reçoivent très tôt une attention particulière : la bouche et les lèvres, les seins, la région lombaire et fessière, les jambes et les cuisses.

L'intérêt ainsi porté aux parties les plus proéminentes ou les plus suggestives du corps propre, dans la phase narcissique, n'est pas dû au simple souci de donner plus de relief aux excitants naturels et biologiques. Il est plus complexe. Le paon fait la roue et est tout entier tendu vers la femelle. Son attention ne se retourne pas sur son corps propre. Quant à l'être humain, il fait réflexion sur soi-même et sur son corps. Comme dans la légende de Narcisse, il peut en être envoûté, ce que nous observons chez des obsédés sexuels dont la masturbation s'accompagne d'une vision dramatique du corps propre ou de l'une de ses parties. Non seulement, chaque détail anatomique suggestif devient le support de quelque projection de l'inconscient, mais souvent, du moins chez les plus narcissiques, tout le jeu de l'amour physique hétérosexuel se déroule, même à l'insu du sujet, sur la scène corporelle individuelle, telle partie faisant office d'organe mâle, telle autre d'organe féminin. Même sans action quelconque perverse, il peut se faire qu'une partie de l'anatomie reçoive de la part du sujet une valeur toute spéciale parce qu'elle se prête avec une facilité exceptionnelle au traitement de l'inconscient et de l'imagination. Une jeune femme attachait une importance excessive à sa coiffure. Elle avait de longs cheveux qui ne manquaient pas de beauté. Elle devait les garder longs, mais les rouler en chignon, ce qui lui donnait un air sévère d'intellectuelle. Elle avait une forte envie de les couper, mais craignait, si elle s'y résolvait, de perdre l'admiration de son père. Sans exagération, on pouvait dire que sur cette chevelure s'était projeté le conflit fondamental de la jeune femme : désir d'être garçon en étant pourvu d'un substitut de l'organe viril, symbole de force comme dans l'histoire de Samson et Dalila; ensuite désir d'être femme, mais désir mêlé de crainte parce que la condition féminine était synonyme de diminution et de mutilation; enfin un mélange de désir et de peur devant l'amour de son père qui n'aurait pas manqué de voir dans la disparition du chignon et l'apparition d'une chevelure plus féminine une affirmation de féminité dangereuse pour son propre équilibre.

Rien n'est plus remarquable que la manière dont chaque attribut frappant du corps humain peut ainsi se charger de significations psychologiques, conformes au scénario inconscient. Jamais, peut-on dire, il ne se réduit à sa fonction. Il remplit toujours, plus ou moins nettement selon l'intensité des conflits de l'individu, une fonction symbolique. Il n'est pas jusqu'aux poils, combien prosaïques, de la barbe qui ne soient pris pour un indice de virilité, bien plus pour la virilité elle-même, au point que les raser constituait chez tel déprimé impuissant un acte érotique, accompagné d'érection et d'éjaculation. L'exemple est manifestement pathologique, mais illustre en gros caractères deux faits : premièrement, que la représentation sensible d'une conception qui voit dans la sexualité un péril pour l'intégrité physique, conception familière à l'inconscient, n'en exerce pas moins une stimulation érotique intense; deuxièmement, que cette conception peut se cristaller de la manière la plus inattendue autour de n'importe quelle partie du corps, même non sexuelle, pourvu que celle-ci puisse exprimer quelque dilemme de l'inconscient. Pour reprendre la notion dont nous nous sommes servi plus haut, le corps personnel à chacun est, de tous les objets de la nature, celui qui, au terme du développement narcissique, devient le meilleur conducteur des tensions psychiques intimes.

L'avantage que l'individu trouve dans cette érotisation du corps, dans cette espèce de somatisation, au sens hystérique du terme, de la sexualité perverse, est considérable. Les inhibitions initiales d'où était parti le long travail d'intériorisation et d'élaboration psychiques de la sexualité avaient eu pour effet de désexualiser l'organisme. La représentation narcissique des conflits a un effet inverse : l'attention est rendue au corps, sous une forme complexe, avec toutes les représentations nées entre-temps, à tel point que ses parties les plus sensibles deviennent aussi les plus expressives, les plus chargées de symbolisme.

C'est en dernier lieu que l'intérêt narcissique se porte sur les organes sexuels. Parfois, il faut attendre longtemps avant que ce déplacement vers le bas ne se produise. C'est qu'il faut compter avec la timidité due à l'action persistante de l'inhibition primordiale. A cause d'elle, l'individu craint que l'intérêt porté à ces parties éminemment excitables n'entraîne des innervations inopportunes et incontrôlables. Voilà pourquoi, en règle générale, l'attention ne s'y porte franchement qu'après de longues luttes. Même après l'établissement de relations sexuelles avec un partenaire, cet investissement peut encore demeurer difficile et interdit. Enfin, quand bien même l'individu se sent assez fort et assez libre du mouvement de ses pensées et de ses affects pour les porter sur les parties génitales de son organisme, il est rare qu'il les considère sans émotion, dans leur simple fonction biologique ou comme le siège du plaisir. Non, l'attention qu'il accorde à l'organe sexuel d'une manière furtive, reste chargée des significations de l'inconscient, ce qui lui donne une valeur trouble : chose aux propriétés antinomiques, à la fois précieuse et dangereuse, organe par excellence du plaisir et objet de la plus grande des interdictions.

Graffiti grossiers, poèmes à double sens, images délirantes sont là pour témoigner du symbolisme dramatique accordé aux organes génitaux, tant masculins que féminins. L'organe de la virilité est tantôt un serpent, un rat, une flèche, un poignard, tantôt une poupée, un oiseau, un lutin amusant et capricieux. De leur côté, les organes féminins ont fréquemment la double signification du cercle : repos et emprisonnement. S'ils évoquent pour l'homme une prairie délicieuse et humide, ils ont souvent pour la femme le sens d'une blessure. Lisez le plus grand poème épique qui ait jamais été écrit sur l'amour physique, celui de Saint John Perse dans le recueil intitulé *Amers : « Etroits sont les Vaisseaux »*, vous y trouverez la plupart des images dynamiques qui s'attachent à l'appareil sexuel de l'homme ou de la femme.

De part et d'autre, que ce soit l'homme ou la femme qui se retourne sur son corps, le regard est interprétatif. Se déplaçant timidement, avec un certain effroi, des parties les plus profanes vers celle qui porte en elle le mystère sacré de la prolongation vitale, il la voit à travers le triple voile du désir de jouissance, des sentiments hostiles et de la crainte. Plus que toute autre région du corps, celle qui intervient dans la conjonction génitale apparaît sous les éclairs qui ne cessent de jaillir entre les pôles contraires de l'inconscient. Que cet éclairage soit sinistre ou agréable, lunaire ou solaire, elle en acquiert toujours une valeur nouvelle, qui vient s'ajouter à ses possibilités physiologiques et dont le plaisir tire sans doute le plus fort de soi-même.

Exploitation subtile du corps propre à des fins d'expression, le narcissisme est le premier pas par lequel la sexualité, qui s'était retirée du monde réel sous la menace du danger, y revient prudemment après de multiples transformations intérieures. Première matérialisation du contenu inconscient et préconscient, il témoigne, très discrètement encore, d'un retour à la réalité sexuelle.

# CHAPITRE CINQUIÈME

# LES ATTRAITS HOMOSEXUELS
# ET LES PEURS HÉTÉROSEXUELLES

En répétant que l'être humain est un être sociable, naturellement fait pour la vie en commun, les philosophes et les moralistes ont été souvent mal compris et ont laissé croire que le contact avec autrui était une tâche facile, n'exigeant qu'un minimum de spontanéité. Illusion que ne tarde pas à perdre rapidement quiconque est appelé à s'occuper d'autrui. Celui-là reçoit la confidence d'un grand nombre de solitaires douloureux, de timides qui n'arrivent que difficilement à trouver les paroles et les gestes qu'il faut pour établir un contact. En tout cas, dans le domaine que nous sommes en train d'explorer, nombreuses sont les personnes dont il faut dire que le commerce normal avec le sexe opposé est une affaire ardue. Des contacts sexuels spontanés s'observent sans doute chez les animaux, de la même espèce et vivant en liberté, encore que même chez eux on puisse rencontrer des isolés et des timorés. Quant à l'être humain, lui s'est trouvé si souvent au cours de son histoire individuelle dans l'obligation de freiner ses premiers mouvements instinctifs que le naturel lui est devenu difficile. Sur le plan sexuel, des rapports exclusivement instinctifs ne lui sont pas seulement interdits, ils lui sont devenus impossibles, psychologiquement parlant. Dans une certaine mesure, très minime à vrai dire, la prostitution offre à certains la possibilité de relations où il leur est donné de se satisfaire en ne s'exprimant qu'au minimum et en faisant fi de leur humanité.

En fait de spontanéité, il faudrait plutôt s'attendre à voir l'être humain rester replié sur soi-même, dans sa sexualité solitaire et perverse. Comme ce n'est pas le cas le plus habituel, on doit se demander quelles sont les raisons qui le font sortir de cette solitude.

Ne perdons jamais de vue qu'un écran s'est interposé entre les individus : l'*inconscient*. On a beau dire que ses structures intimes se ressemblent d'un individu à l'autre, c'est là le résultat d'une observation scientifique, faite par les spécialistes de la psychologie clinique; les intéressés l'ignorent. Ce n'est en vérité qu'au prix d'une longue expérience, jalonnée d'échecs et de réussites, que leurs yeux s'ouvrent lentement sur la vérité des autres, que leur esprit se rend compte du caractère essentiellement « semblable » de leurs semblables. Ils sont portés à croire que le genre de leurs pensées intimes et de leurs désirs secrets est si extraordinaire, d'une absurdité ou d'une méchanceté si exceptionnelles, qu'ils se sentent uniques et hésitent à se montrer. Ils n'imaginent guère que les idées bizarres qui surgissent en eux, que les tendances sadiques ou masochistes qui les sollicitent aient pu ou puissent encore parfois venir à l'esprit des personnes qu'ils estiment le plus. Ainsi, pour la plupart des déprimés, c'est un grand sujet d'étonnement et souvent de soulagement que d'apprendre que nombre d'hommes respectables ont connu dans leur existence la tentation du suicide. Pareillement, le timide sexuel fait une découverte, pour lui sensationnelle et réconfortante, quand il remarque chez la jeune fille honorable à laquelle il rêve les signes d'un désir physique analogue à celui qu'il éprouve pour elle. Tant est grande, avant le pas qui consiste à s'exprimer aux autres, à s'expliquer avec eux, la distance qui nous sépare les uns des autres du fait que nous ignorons habituellement l'essence commune de nos rêves et de nos craintes.

Ce n'est pas la première fois que nous allons voir un obstacle naturel se transformer en moyen positif et en avantage. En effet, comme nous venons de le dire à l'instant, l'inconscient fait de ses constructions imaginaires un écran entre les êtres humains. Or voici que le fait de l'exprimer, cet inconscient, va les rapprocher et leur donner des satisfactions qui leur seraient restées à jamais étrangères sans ce détour ou ce retard.

Mais sur le point de donner une réponse à la question de savoir comme cela peut se faire, gardons-nous de solutions trop faciles. Si nous prenons comme point de départ de notre recherche des individus par nature peu égocentriques, déjà tournés vers leurs semblables, il est aisé de montrer comment le contact s'établit : non seulement leur inconscient respectif s'exprimera librement, avec les moyens du bord, paroles, gestes et attitudes, mais chacun des sujets en présence n'aura aucun effort particulier à fournir pour prêter attention à tout ce qui s'exprime chez les autres. Or c'est précisément cette attention qu'il faut expliquer.

Pour que les êtres humains qui se trouvent séparés par tant de barrières psychologiques arrivent à se rapprocher et à se rencontrer, il ne leur suffit pas en effet de s'exprimer librement, chacun de son côté. Sur une scène, il arrive que des acteurs n'aient aucun contact entre eux, chacun jouant son rôle en se conformant strictement aux indications du metteur en scène, mais sans obtenir dans le moment une cohérence autre que celle qui a été prévue à l'avance, de l'extérieur, par ce metteur en scène. On dira que voilà une bien mauvaise troupe. Mais justement, à la sortie de l'inconscient, l'humanité est-elle autre chose qu'une troupe de médiocres comédiens qui ne se prêtent aucune attention mutuelle ? Est-il injuste de penser que dans leur grande majorité, les groupes humains sont composés d'individus qui se limitent à exécuter les rôles imposés par la coutume, les conventions ou les lois, est-il faux de définir un certain nombre de couples comme un assemblage de deux acteurs, l'un accomplissant le rôle de mari et de père, l'autre celui d'épouse et de mère, mais sans réponse de l'un à l'autre, comme si la seule chose importante était la stricte observance des règles fixées par le grand metteur en scène : la Loi, la Nature, la Société ou Dieu ? Avec une mentalité aussi rigide, aussi éloignée de la richesse que peut apporter la liberté d'expression réciproque, rien d'étonnant si les couples aboutissent à la faillite et doivent reconnaître que l'union n'a pas apporté le contentement qu'on en avait escompté.

## I.

Condition nécessaire pour une véritable rencontre, l'attention aux autres naît des ambitions du narcissisme. Il est temps de le montrer, d'abord par des exemples, ensuite par un essai de théorie générale.

Aussi longtemps qu'une jeune fille est heureuse et ignore le besoin sexuel, elle néglige les soins vestimentaires. Le goût qu'elle peut mettre à s'habiller est simple, naturel, sans affectation. Mais du jour où son organisme devient sensible aux stimulants sexuels, elle perd cette simplicité. Plus tourmentée, plus déchirée, elle devient difficile dans ses choix. Elle veut des toilettes originales, qui soient plus à l'image de son âme changeante et excessive. C'est le moment où les mères doivent intervenir pour assurer le respect des vêtements « classiques ». Interventions que l'anxiété rend maladroites et qui seraient moins intempestives si les mères comptaient davantage avec le temps. Car laissez-la à ses goûts, à sa liberté d'expression, elle ne tardera pas à donner un certain style acceptable à ses démarches comme à ses toilettes. Or, pour trouver ce style personnel, que fera-t-elle sinon observer avec attention la manière de celles parmi ses compagnes qui lui paraissent avoir le meilleur goût et les plus grandes chances de plaire. Pour devenir soi-même, est-il meilleur moyen que de regarder les autres, de les imiter, de leur prendre ce qu'ils ont de meilleur et de leur laisser les défauts ? C'est le principe de toute saine rivalité, comme c'est le stimulant principal et premier qui nous pousse à porter de l'intérêt à autrui.

Nous sommes ici au point exact où l'objectivité s'articule sur la subjectivité, où l'observation d'autrui coïncide avec le souci d'être soi-même. Pour tirer de l'exemple donné une théorie, analysons-en les éléments. Et d'abord une question au sujet de la jeune fille : croyez-vous qu'elle soit tout à fait consciente de son désir de plaire, au moment où elle observe méticuleusement le style de ses compagnes ? Non assurément, si l'on se place au moment de la naissance de cet intérêt nouveau. La prise de conscience du désir de plaire ne se produira que plus tard, bien que le désir lui-même soit présent et actif dès les commencements de la rivalité. Il est le premier élément agissant que nous, observateurs extérieurs, nous découvrons, mais le dernier à être perçu par le sujet lui-même. La perception de la jeune fille voyage entre les apparences de sa compagne et la sienne propre. C'est une comparaison incessante qui va d'un corps à l'autre, sans jamais s'arrêter à l'un des deux, jeu mobile du regard qui ne se fixe sur l'autre que pour revenir à soi et ne se fixe sur soi que pour se mesurer à l'autre. Ce n'est plus le tête-à-tête du miroir, mais la confrontation dans un miroir commun des deux images.

Pour que cette confrontation ait un sens et soit utile à celle qui s'y livre, il est indispensable qu'elle serve à relever les qualités de l'image de l'autre et les défauts de l'image propre. Si le contraire se faisait, détection des défauts d'autrui et grossissement de ses propres qualités, la comparaison serait chose stérile ou ne répondrait qu'à un effort de l'inconscient pour compenser les sentiments d'infériorité ou effacer les signes d'une prétendue mutilation. Mais nous sommes maintenant au-delà de ces mécanismes inconscients de surcompensation. La personnalité est en passe de s'édifier. La jeune fille, guidée à son insu par le désir de plaire, place l'une à côté de l'autre les deux images pour modifier la sienne sur celle qui fait l'objet de son admiration.

Comme elle veut renforcer son pouvoir de séduction, elle n'a pas à s'arrêter aux qualités de son image, sinon pour les accentuer dans le sens du modèle. En principe, elle analysera minutieusement ce dernier, de manière à en découvrir les propriétés les plus remarquables, tandis qu'elle recherchera sur son image à elle toutes les propriétés qui seraient repoussantes et qui doivent en être éliminées. Plus précisément encore, elle tendra à se dégager de sa neutralité, de son insignifiance, à se donner du relief, et à cette fin, elle se guidera sur un modèle extérieur.

On voit tout de suite que le modèle, pour jouer son rôle, doit n'être ni trop éloigné d'elle, sans quoi il ne serait d'aucune utilité narcissique et ne pourrait servir d'objet d'assimilation, ni trop semblable, ce qui lui enlèverait tout intérêt du fait qu'il ne constituerait plus un facteur de progrès. Ressemblante et différente, c'est à cette double condition qu'une personne peut servir de modèle attractif. Elle doit se trouver sur la ligne d'un développement possible. Il faut qu'elle représente aux yeux de l'être qui se cherche ce que celui-ci peut devenir en accentuant ses propres traits, qu'elle soit une manifestation sensible et vivante de ses possibilités à lui. C'est à ce prix qu'un modèle est une chose encourageante et consolante et qu'il se fait aimer. Si les actrices en vedette au théâtre ou au cinéma exercent tant de séduction sur la jeune fille, c'est qu'elles la consolent de ce qu'elle est, en lui montrant ce qu'elle pourrait être si elle se donnait quelque peine.

Nous découvrons donc trois constituants dans la rivalité. Sous-jacent à tous les efforts de mise en valeur de soi, à peine conscient mais actif et chargé de l'impulsion sexuelle initiale, il y a d'abord le désir de se faire remarquer, d'exciter et d'attirer. Ensuite, sur le plan des moyens, il y a l'intention plus ou moins délibérée d'utiliser le plus grand nombre possible d'aptitudes expressives, d'ordre physique et mental. Enfin, pour augmenter la valence érotique du corps et de l'esprit, on se compare avec une attention méticuleuse à ceux qu'on estime passés maîtres en la matière, qui ne soient ni trop proches, ni trop éloignés de soi-même, pour représenter ce qu'on peut devenir. Reprenons un par un chacun de ces constituants.

a) Le désir de plaire, c'est la forme que prend maintenant l'excitation sexuelle dont notre analyse est partie. Je rappelle ici que nous avons défini le comportement sexuel comme l'ensemble des séquences motrices par lesquelles deux êtres se rapprochent et tentent d'arriver à une stimulation tactile réciproque. Ces séquences ont été freinées, donnant naissance à toutes les productions sexuelles inconscientes. Mais celles-ci n'ont pas pour autant supprimé l'état d'excitation organique, ni l'imminence des séquences instinctives. Ce qui est inhibé attend la première occasion favorable, est à l'affût de tout élément psychique qui puisse se charger de valence érotique, pour revenir à la charge et amorcer les séquences du comportement sexuel. Quoique partiellement freinée et paralysée dans ses effets, l'excitation sexuelle a subsisté à travers la série des productions mentales de l'inconscient et du préconscient. Au moment où celles-ci se manifestent au-dehors, elle s'en empare et leur donne une valence érotique. Nous obtenons ainsi les éléments expressifs de la personnalité, dont la fonction est double : donner une figure concrète et extérieure aux conflits intimes et en même temps exciter par cette figuration de l'inconscient sexuel les spectateurs qui surviennent.

b) Cette figuration de l'inconscient, qui est le second élément que nous avons noté, il est utile de rappeler qu'elle reflète les aspects contradictoires de l'inconscient. Ce qui nous explique pourquoi les propriétés que cherche à accentuer en lui l'individu, dans la phase narcissique, ne sont pas des propriétés isolées ni univoques. Il ne s'agit pas seulement de rendre la peau plus lisse, de donner plus de brillant aux yeux ou plus d'éclat à la parole. Seuls des êtres élémentaires espèrent un surcroît de séduction de la simple intensification des excitants naturels. En général, on cherche à donner aux détails physiques du corps (traits, forme et démarche) comme aux paroles et aux idées une valeur expressive. L'ensemble doit exprimer à la fois ou successivement ce qu'il y a de sombre et de clair dans le psychisme, ce qu'il s'y trouve de force et de douceur. En ce qui concerne les paroles, l'amoureux serait bien naïf de croire qu'elles ne doivent refléter qu'un état d'âme uniforme et homogène. Pour éviter la monotonie, le pire ennemi de l'amour, elles doivent exprimer des sentiments intenses, mais variés, aussi variés que les aspects de l'inconscient. C'est en ne s'adressant pas brutalement à la personne aimée qu'elles ont le plus de chance d'être envoûtantes. C'est dans la mesure où elles styliseront les craintes, les désirs et les ambitions de l'inconscient imaginaire, sans insertion brutale dans la réalité, que l'interlocutrice s'y retrouvera, les aimera et reviendra pour les réentendre. Nous avons connu un homme dont la conduite séductrice consistait à raconter les misères et les joies de la vie aventureuse qu'il avait menée. Cela lui donnait un air de destinée, fort apprécié des femmes.

Sartre a mis sur le compte de la mauvaise foi ces conversations métaphysiques sous le couvert desquelles des amants timorés profitent de leur noble distraction pour se prendre la main et s'engluer dans le charnel. Je suis moins sévère, d'abord parce que pour moi la chair n'est pas cette chose gluante qu'il croit, ensuite et surtout parce que c'est le propre des êtres humains de passer, pour arriver à une bienveillance réciproque, par une manifestation sensible des états intérieurs, manifestation qui donne aux conversations cette allure gauchement métaphysique, mais émouvante.

La sexualité humaine, doit, sous peine de n'être pas humaine, traverser le milieu des émotions et en prendre la coloration. Ce que comprennent tous ceux qui cherchent à donner à leur esprit comme à leur corps, non seulement une valeur plus excitante, mais

encore plus expressive des émotions fondamentales :
la peur, l'anxiété, la tristesse, la colère, l'orgueil
et la joie. Notons d'ailleurs qu'il s'agit moins de
s'embourber dans ses émotions que de les exprimer
et de les styliser.

c) Enfin, troisième et dernier élément de notre
analyse de la rivalité, c'est pour augmenter sa valeur
expressive que le sujet humain porte un regard si
attentif sur les personnes dont il subit l'attraction,
en qui il trouve l'expression la plus forte de sa propre
personnalité comme de sa propre sexualité. Occupé
à améliorer toutes les aptitudes par lesquelles il soit
en mesure de se manifester à soi-même et aux autres,
il est naturel qu'il subisse l'attraction des personnes
qui lui sont les plus « connaturelles », dont les traits
et les comportements sont en résonance avec ce qui
s'agite au fond de lui-même et qu'il n'a pas encore
réussi à styliser.

C'est pourquoi nous ne commençons à nous comprendre que dans le miroir des êtres dont nous
admirons le destin. Soit dit en passant, nous trouvons
là le fondement de toutes les épreuves projectives,
utilisées par la clinique psychologique. L'être humain
s'exprime au début dans le fait d'admirer telles
personnes, d'en rejeter telles autres. Nous devons
admettre un flair psychique par quoi l'individu
subodore chez un autre l'essentiel de son propre
monde intérieur. Une fois découverts les personnages
« isomorphes » et « isochrones », le sujet s'y attachera

d'un amour dont le moins qu'on puisse dire est qu'il
ne sera pas désintéressé. Il les adorera, comme le
montrent les passions adolescentes, avec l'espoir d'en
apprendre le rythme. Ainsi, l'ambition du jeune
écrivain en formation est de s'assimiler, non pas les
images ou les idées isolées du maître qu'il fréquente —
ce serait du pur plagiat sans intérêt — mais la tension,
le balancement, la cadence de son style. Le but est
de lui ravir le dynamisme qui le fait parler et écrire,
et qui lui dicte le choix de ses mots, de ses figures
et de ses œuvres. Le sort d'un jeune écrivain est
déjà jeté au moment du choix spontané de ses modèles.
Proust était déjà lui-même quand il se précipitait sur
les *Mémoires* de Saint-Simon et sur la *Comédie humaine*
de Balzac.

Pour prendre des exemples moins illustres et qui
nous ramènent au problème de la sexualité, la première
manière d'expression, pour une jeune femme, réside
dans le type de femme adulte dont elle rêve : être
doux et maternel aux formes arrondies qui suggèrent
des gestes d'enveloppement et de protection, amazone
dont on ne sait trop si elle est plus féminine que
masculine, ou Vénus aux lignes et dimensions parfaites,
plus soucieuse dans l'immédiat de beauté que de
maternité, mais cependant prête à accepter celle-ci
pour un jour proche ? Ce n'est pas par hasard qu'à
propos de toute femme, réelle, sculptée ou décrite, il est
possible d'imaginer un ensemble de comportements,
une existence d'un certain type, même un destin.

C'est cela que signifie et qu'implique la valeur expressive d'un corps et d'une personnalité. C'est pour cette valeur expressive que la jeune fille s'attache, dans les débuts de sa vie sentimentale consciente, à tel personnage du même sexe, réel ou imaginaire. Elle cherche à ravir au modèle, pour l'intégrer à sa personne, le rythme qui l'habite.

## 2.

Nous sommes maintenant à même de comprendre l'attrait homosexuel. Il procède généralement d'une admiration, mêlée d'envie, dont l'objet est un être qui représente ce que nous souhaitons être, qui possède à nos yeux la valence érotique dont nous voudrions être les porteurs. La personne qui a une pratique homosexuelle va plus loin : elle laisse se déclencher tout le système nerveux et physiologique de la sexualité à l'occasion de cette admiration, comme si prise à son jeu, elle oubliait qu'elle est en train de se chercher elle-même dans l'autre personne de même sexe, comme si pour étudier les possibilités d'influence qu'elle doit acquérir sur le sexe opposé, pour s'informer sur ce qui impressionne celui-ci, elle croyait devoir en tenir et en jouer le rôle. En somme, on peut dire que la personne, avant de considérer avec faveur les possibilités érotiques de son propre corps, de ses propres organes, les considère chez les individus qui se rapprochent le plus d'elle, ceux du même sexe. Elle étudie l'effet de telle ou telle forme de virilité ou de féminité, en se plaçant au point de vue d'une femme ou d'un homme. Son imagination allant son chemin, elle escomptera de relations physiques avec ceux qu'elle considère comme des modèles de virilité ou de féminité, une osmose, une identification, un échange de personnalité et de qualités ayant pour résultat de la transformer en homme accompli ou en femme accomplie. Le malheur veut que les plaisirs que cet individu trouvera nécessairement dans ces expériences homosexuelles lui feront croire qu'il a effectivement quelque chose du sexe opposé. Ce qui était une espèce de jeu, d'identification à l'essai, devient sérieux et conduit à des essais réels d'identification. Le caractère dramatique de la plupart des relations homosexuelles que j'ai pu analyser vient du fait que chacun des deux partenaires cherche paradoxalement à accroître les propriétés de son sexe en s'identifiant au sexe opposé. On m'accordera que c'est une situation difficile et sans issue.

La complémentarité que nous observons souvent dans ces expériences — un individu âgé avec un jeune, un homme raffiné avec un rustre — ne doit pas nous induire en erreur et nous faire croire à une véritable imitation de l'hétérosexualité, l'un jouant un rôle actif et viril, l'autre un rôle passif et féminin. C'est une vue hâtive et simplifiée des choses, laquelle procède d'une application facile du schéma hétérosexuel sur une relation qui se situe en fait en deça de la distinction entre les deux sexes. Méfions-nous aussi des ratiocinations par lesquelles les homosexuels eux-mêmes justifient après coup leur comportement et le calquent sur le modèle de la relation hétérosexuelle. Quand l'homme raffiné cherche le plaisir avec un rustre musclé et fort, il est facile de dire qu'après s'être identifié à la femme, il est normal qu'il cherche un partenaire ayant les attributs les plus patents de la virilité. Je suis enclin à croire que l'identification explicite à l'autre sexe est souvent secondaire et justificative. En réalité, si le rustre exerce sur l'homme raffiné tant d'attrait, c'est d'abord parce que le premier exprime en termes manifestes et sensibles un rêve de puissance et de force qui sommeille dans le second. Plus subtilement encore, l'image de l'enlacement d'un fort et d'un faible exprime si bien le conflit intime de l'homme raffiné, partagé entre la violence et la douceur, qu'elle en devient attrayante et érotique et que notre homme n'aura de cesse qu'il ne soit parvenu à réaliser cette image dans un enlacement effectif. Tout ce qui viendra après — imitation des rapports hétéro-sexuels, tranvestisme, etc... — sera une espèce de superfétation destinée à la galerie. Le plaisir qui accompagnera la réalisation de cette image expressive de soi ne fera qu'accentuer la pente au comportement anormal.

Mon analyse de l'attrait homosexuel, basée sur la nature érotique de toutes les manifestations expressives qui émanent des autres, même et surtout quand ceux-ci appartiennent au même sexe, ne rend pas compte, bien entendu, de tous les comportements homosexuels. On sait que ceux-ci ne sont pas l'apanage de l'espèce humaine. On les rencontre dans la plupart des espèces animales. Comment les expliquer à ce niveau, sinon en faisant la part des erreurs que commet la nature dans ses différentes expérimentations, en tenant compte de l'absence de partenaires adéquats ou de la domination d'un mâle qui s'approprie toutes les femelles et ne laisse aux faibles que des plaisirs de substitution? Il est incontestable que de nombreux comportements anormaux dans l'espèce humaine s'expliquent par des mécanismes analogues. Mais à mon avis tel est le cas seulement chez des êtres frustes, élémentaires, dont le développement cérébral s'est arrêté, ou chez des individus qui se trouvent, par la force des choses, séparés de l'autre sexe, comme dans un camp de prisonniers. Ici l'action endogène des besoins sexuels donne à chaque stimulant sexuel isolé (la voix, la douceur de la peau, la démarche) une signification absolue derrière laquelle la personnalité globale de ceux qui sont porteurs de ces stimulants disparaît.

Nous savons qu'il existe de nombreux types de comportement homosexuel et de nombreux niveaux d'homosexualité. Nous n'excluons pas non plus *a priori* l'action de facteurs physiologiques, bien que jusqu'à ce jour la recherche dans cette direction n'ait guère apporté de résultats. Mais ne parlons que de l'*attrait* homosexuel, tel qu'il semble jouer dans l'histoire de tous les êtres, même normaux, attrait d'ordre spécifiquement humain, qui suppose moins une déficience ou un déséquilibre qu'un certain point de perfection, une supériorité sur la simple sexualité animale, une phase de transition entre le narcissisme dont j'ai parlé plus haut et l'attrait hétérosexuel que j'analyserai bientôt. Cet attrait ne devient anormal qu'en devenant excessif, par suite de l'incapacité de l'individu à le dépasser vers des formes supérieures de sexualité.

L'attrait homosexuel, c'est la séduction exercée par l'image idéale de nous-mêmes, par la forme de notre inconscient, quand elle se manifeste dans un autre. Le plaisir que nous procure la vue de quelqu'un dont les traits, les gestes, le style de vie expriment bien un aspect ou l'autre de nos conflits est d'ordre artistique, mais il se situe en bordure de la sexualité, il peut à tout moment se diffuser dans l'organisme et innerver les mécanismes conduisant aux séquences sexuelles proprement dites.

Pour expliquer l'attrait homosexuel, la psychanalyse recourt au mécanisme de l'identification compensatrice : le garçon se serait identifié à la mère, la fille à son père. Elle se fonde aussi sur le fait de la bisexualité organique et psychique de chaque être, mâle ou femelle. Tout cela est indéniable, mais il me paraît que beaucoup d'explications restent superficielles. Ainsi considérons l'identification au sexe opposé : le garçon a des goûts et des conduites de fille. Il faut d'abord reconnaître que les intéressés se retrouvent rarement dans une description aussi sommaire. Souvent, comme ils sont incapables de décrire ce qui se passe en eux, ils admettent cette explication, faute d'une meilleure et pour vous faire plaisir. Par contre, ceux qui disposent des moyens verbaux plus riches, la refusent et laissent entrevoir des actions et réactions plus complexes, plus profondes qu'une simple identification régressive à un personnage de leur enfance. Cette dernière identification, il est vrai, fait rarement défaut, mais a l'air d'être plus un effet qu'une cause : une construction imaginaire sur une donnée plus radicale, à savoir l'attrait exercé par le style du partenaire sur l'inconscient informulé du sujet.

S'il faut des preuves de l'explication avancée, je commencerai par m'abriter derrière l'autorité de maîtres comme Platon et Freud. Certes, l'argument d'autorité n'a pas de poids en science, mais il serait prétentieux de vouloir tout redécouvrir soi-même et mépriser les analyses de ceux qui, sans recourir à des méthodes quantitatives trompeuses, ont pénétré le plus loin dans le dédale des motivations humaines. Aucune étude de l'homosexualité ne peut se passer des analyses que nous trouvons dans le célèbre dialogue de Platon sur l'amour, le *Banquet*. L'attrait exercé par l'idéal, c'est-à-dire en termes psychologiques, par la projection à l'extérieur de soi du conflit entre nos aspirations et nos limitations, y joue un rôle capital. L'explication de Freud est analogue quand, dans sa brève mais très dense étude sur le narcissisme, il rapproche certains choix homosexuels de l'amour de soi-même (l'*Ich-besetzung* : l'investissement narcissique).

J'aimerais donner en confirmation un fait d'opinion qui, sans avoir une valeur scientifique incontestable, n'en exprime pas moins, à mon sens, une compréhension implicite de l'attrait homosexuel. L'opinion commune, dans nos sociétés comme dans des sociétés dites primitives, attribue généralement cet attrait et les habitudes qui en procèdent, au monde des artistes. La statistique y opposera ses chiffres de fréquence. Elle montrera, le cas échéant, que l'homosexualité est un phénomène qui survient dans les mêmes proportions dans tous les milieux professionnels. Mais ce dénombrement ne prouve pas encore que l'opinion commune se trompe tout à fait. Elle peut avoir raison de lier ensemble le tempérament « artiste » et l'intensité de l'attrait homosexuel, tout en se méprenant sur les apparences, tout en ayant tort de ne voir des tempéraments « artistes » que dans le monde professionnel de ceux qui ont fait de leur art un métier. En psychologie dynamique, il est grave de se laisser abuser par l'apparence extérieure. Le fait que des rustres soient homosexuels ne constitue pas encore un démenti à notre thèse. Sous des traits physiques grossiers, sous le voile trompeur d'activités basses et vulgaires, peut se cacher un psychisme délicat, tendre, sensible au style des êtres et des choses. Le rustre aussi a un inconscient. Lui aussi est déchiré entre des aspirations à un meilleur lui-même et le sentiment de ses limitations, entre le désir et l'interdiction. Aussi peut-il être attiré par des êtres plus fins que lui, image projective de tout ce qu'il voudrait être et de tout ce qui lui est refusé. La sensibilité au style des autres n'est l'apanage d'aucune classe ni d'aucune profession. C'est surtout une affaire individuelle, qui dépend de l'intensité des émois inconscients.

Un fait banal nous fournira une confirmation supplémentaire. C'est l'inclination, chez tout individu, à apprécier la valence érotique de ses rivaux. Celle-ci, il l'induit rarement du nombre de leurs aventures, du succès effectif qu'ils obtiennent auprès de l'autre sexe. Il en juge par l'effet qu'ils font sur lui. S'il n'y avait que l'instinct sexuel brut, l'individu ne passerait pas par ce détour, il se ruerait sur la partenaire la plus attrayante, en écartant par des violences ou la ruse le rival gênant. Il lui serait en tout cas impossible de prendre cette attitude réflexive, par laquelle on fait retour sur soi-même pour se demander si on possède les qualités voulues. Sollicité par la femme, il serait insensible aux qualités érotiques de son voisin. Il ne pourrait même pas en parler. Le fait d'en parler, de se comparer à lui prouve l'intervention d'éléments autres qu'instinctuels, l'existence d'une relation qui n'est pas seulement celle d'un stimulant physique aux mécanismes déclencheurs internes, mais celle d'un système global de données perceptives extérieures, à un système d'éléments inconscients, internes. C'est précisément cet accord, soudain et exaltant, du style d'une chose ou d'un être avec la configuration de notre inconscient, qui fait le plaisir artistique et donne à toutes nos passions ce caractère contraignant, presque nécessaire, que nous leur connaissons. L'attrait homosexuel est une des modalités de ce plaisir. Il procède de la brusque rencontre d'un être dont la configuration physique et mentale exprime, en termes vivants et concrets, la forme prédominante que cherchent à prendre les données inconscientes. S'il s'agit d'un homme, n'ayant pas encore osé *se conduire* en homme, il subira une attraction vers tous les êtres en qui il trouve réalisée l'image qu'il se fait de la virilité. Image qui peut varier selon les individus et les milieux, mais qui dans notre société Occidentale est souvent celle d'une force supérieure à tous les obstacles et à toutes les défenses. Chez la femme, l'attraction est analogue vers toute femme dont le style répond à son image de la féminité, laquelle image est aussi déterminée par des contingences individuelles et culturelles : dans notre société, ce fut longtemps celle d'un être doux, enveloppant, ayant vaincu toute crispation interne.

Ce qui met en relief la nature narcissique de l'attrait homosexuel et son enracinement dans les propriétés de l'inconscient, ce sont précisément les erreurs d'appréciation que les individus commettent, quand ils jugent de la valence érotique de leurs congénères de même sexe. Ceux à qui ils en attribuent le plus ne sont pas toujours ceux qui plaisent le plus au sexe opposé. Ce manque d'objectivité est la preuve que l'attrait homosexuel se joue au niveau de l'inconscient subjectif et procède d'une espèce de « connaturalité » entre un être extérieur, porteur d'un certain style, et le monde imaginaire du sujet, orienté vers des formes d'expression privilégiées. Cette « connaturalité », Jung l'a bien aperçue. Son tort fut de simplifier la situation et de comprendre l'inconscient d'une manière schématique et rigide, comme s'il était nécessairement viril quand les apparences extérieures sont féminines, nécessairement féminin quand les apparences sont masculines. En réalité, si nous voulons comprendre la complexité des attractions inter-personnelles à leur naissance, nous devons nous méfier d'une distinction trop tranchée entre la masculinité et la féminité. Quand les premiers émois se portent sur des êtres distincts de nous, la perception claire et différenciée du masculin et du féminin n'a pas encore eu lieu. L'individu n'est encore ni viril ni féminin. Il n'est alors qu'un organisme traversé d'excitations érotiques et empêtré dans les dilemmes dramatiques de son inconscient. Les premiers êtres qui exerceront un attrait sur lui seront ceux qui par leurs qualités et leurs comportements représentent de la manière la plus suggestive une solution élégante aux problèmes intimes qui le paralysent. En général, ce seront des êtres du même sexe, mais sans qu'intervienne une image précise et élaborée de la masculinité ou de la féminité. Ces attraits premiers sont précisément sous-tendus par un effort des individus en vue de se définir eux-mêmes dans un sens ou dans un autre.

### 3.

La variété des dilemmes inconscients est telle qu'on comprend la variété des premiers attraits. C'est pourquoi il ne faudrait pas postuler qu'ils sont nécessairement et dans tous les cas de nature homosexuelle. Il serait plus exact, à ce stade d'évolution, de dire que les individus attachent assez peu d'importance au fait biologique du dimorphisme sexuel. Ce qui importe, c'est, pour reprendre un terme pédant mais précis, l'isomorphie entre le style de l'être extérieur et la figure privilégiée des contenus inconscients du sujet. Le hasard peut faire qu'elle joue d'emblée entre des êtres de sexe différent, mais de style affectif identique. Si l'attrait paraît alors hétérosexuel, ce n'est qu'une apparence superficielle, ne tenant qu'à la nature biologique des êtres en accord. Au niveau psychologique, on peut encore parler d'homosexualité ou, à tout le moins, d'un amour narcissique détourné.

Mais, en psychologie, il ne faut rien accorder au hasard. Au moins dans notre société complexe, où les sexes sont souvent élevés selon des méthodes différentes et dans des institutions séparées, il faut s'attendre à voir les premiers attraits jouer entre des individus de même sexe. Les conditions du milieu jouent un rôle important. Mais nous pouvons y ajouter un facteur plus secret. Il est certain que les différences anatomiques, si mystérieuses aux yeux de l'enfant, les différences vestimentaires et les différences de comportement, quelle que soit la société dans laquelle vivent les individus, creusent généralement un fossé qui aura pour effet de rendre plus difficile, au départ, l'accord sentimental entre sexes opposés. L'attrait jouera d'abord entre individus présentant une même identité extérieure.

Dans les conditions normales, on peut dire que le sexe opposé effraye avant d'attirer. La différence telle qu'elle se manifeste dans les organes, dans l'allure générale du corps, dans la voix et les autres caractéristiques secondaires du dimorphisme sexuel, n'arrête pas l'animal, bien au contraire, les mécanismes instinctifs jouant automatiquement selon les lois de l'espèce. Dans l'être humain, elle est interprétée par l'inconscient. Elle apparaît comme un danger, comme un obstacle à l'entente. Il serait nécessaire de faire ici une psychologie générale de l'être devant ce qui lui est étranger, devant ce qui diffère de lui, devant ce qui n'est pas conforme à son aspect propre. La psychologie animale nous fournit déjà beaucoup d'éléments pour cette étude. L'expérience courante, qui devrait sans doute être précisée, nous apprend aussi que l'*étrange* et l'*étranger* sont ressentis comme un danger, à la fois fascinant et effrayant. Enfin l'expérience clinique nous montre que les organes les plus différenciés de la sexualité — pénis de l'homme, vulve et vagin de la femme — prennent dans l'inconscient de l'être humain des significations fantastiques, au sens le plus vrai de cette épithète, qui rendent difficile l'établissement des premières communications sentimentales entre garçon et fille. Ces différences anatomiques sont à vrai dire d'autant plus importantes et effrayantes qu'elles sont l'objet des interdictions les plus nombreuses. Mais il faut encore compter avec les différences qui ne sont pas cachées, qui sont en quelque sorte publiques et ancrent l'inconscient dans sa conviction qu'il y a deux mondes, étrangers l'un à l'autre, aux aspirations contradictoires, prêts à se défendre l'un de l'autre : le féminin et le masculin. Qui oserait affirmer qu'il voit toujours l'autre sexe sans la moindre méfiance ? Quelle société humaine pourrait donner l'exemple d'un commerce intersexuel, dépourvu de toute tension ? Il n'est pas jusqu'aux sociétés les plus pacifiques, les plus douces, qui ne témoignent d'une lutte sournoise entre les femmes et les hommes. Elles ont beau faire un même sort, imposer les mêmes travaux et les mêmes habitudes, aux unes et aux autres, il y subsiste des danses, on y entend des plaisanteries qui sont inspirées par la moquerie et un reste d'hostilité à l'égard du sexe opposé. Selon une loi générale, là où l'être humain perçoit des différences, si minimes soient-elles, il les

accentue et finit par y voir des dangers, alors que
d'un point de vue strictement biologique, elles sont
le signe d'une complémentarité voulue par la nature.

C'est sur ce fond d'hostilité latente que chaque
individu interprète en termes fantastiques les différences anatomiques. Le garçon voit dans son pénis
une arme, dans l'organe sexuel de la fille une faiblesse.
Les esprits étrangers à l'expérience psychanalytique
s'étonnent de l'importance que les psychanalystes
accordent aux sentiments d'infériorité et de honte
qu'éprouverait la fillette en raison de l'absence du
pénis, aux sentiments de fierté secrète du garçon
à l'idée de le posséder. Ces descriptions paraissent
enfantines. Oui, elles le sont : elles reflètent la mentalité
fruste de l'enfant qui en est réduit à tout interpréter
en termes de force, de possession et de défense. Mais
l'adulte garde le souvenir des conceptions de son
enfance, sans compter qu'elles existent à l'état diffus
et permanent dans les mœurs et les habitudes de la
société. Écoutez les plaisanteries des gens et vous
y trouverez tout le symbolisme familier à l'enfant :
la verge transformée en flèche, en épée, en une arme
dangereuse dont on se glorifie ou dont on se plaint
qu'elle ne soit pas plus offensive; les « lèvres », la
vulve, le vagin de la femme transformés en un orifice
denté, en une cavité dangereuse; le coït envisagé
comme une lutte où chacun essaye de l'emporter sur
l'autre, avec ses armes propres. J'irais jusqu'à penser
que les considérations savantes sur les différences

psychologiques entre l'homme et la femme, entre l'esprit offensif du premier et l'attitude défensive de la seconde, subissent l'influence de ces images « fantastiques » qui font passer les organes sexuels pour des objets dangereux, images qui sont elles-mêmes le résultat de la peur d'un sexe devant l'autre.

La peur est la grande responsable de nos fausses perceptions. La nuit, dans la forêt, elle nous montre des fantômes là où il n'y a que de simples arbres. Mais remarquons qu'ici nous n'avons affaire qu'à des objets sans conscience, qui ne sont pas au fait de notre frayeur et ignorent la nature qui leur est faussement attribuée. La chose se complique quand la peur porte sur un homme ou une femme. Dans ce cas, il faut s'attendre à une réaction en retour, laquelle sera soit une peur inverse, soit un agacement, soit une attaque, rarement une conduite d'apaisement. Il serait extrêmement intéressant, surtout pour la psychologie sexuelle, d'étudier les phénomènes d'induction réciproque qu'amorce généralement la peur. On constaterait sans doute que celui qui est l'objet de la peur se trouve mis contre son gré devant sa propre agressivité latente et refoulée (sinon, qu'est-ce qui justifierait la peur de l'autre ?), et s'irrite de voir dévoilées aux yeux de quelqu'un les tendances colériques sur lesquelles il a mis tant de soin à prendre de l'empire. On comprendrait alors ce paradoxe de la psychologie : la peur chez l'un appelle l'attaque chez l'autre, le sentiment de faiblesse appelle la dureté.

Mauvaise conseillère, la peur est surtout un facteur de division. Elle n'amène jamais un rapprochement, du moins quand elle joue entre des individus de même âge approximatif. C'est seulement quand elle vient d'un enfant qu'elle attire de la part d'une mère des gestes apaisants. En dehors de ce cas exceptionnel, auquel nous reviendrons plus loin, le premier résultat que la peur obtient chez celui qui en est l'objet est un réveil de l'agressivité. L'individu prend peur devant la peur de l'autre. Et c'est l'accumulation lente et progressive d'attitudes défensives entre les deux individus, qui menace de s'achever en explosion. Souvent, c'est pour se prémunir contre celle-ci qu'on rompt des relations, ou qu'on cherche à maintenir une distance protectrice.

En clinique psychologique, on est frappé de la fréquence des mesures préventives que prennent, sans trop savoir pourquoi, des personnes qui n'ont pourtant aucune aversion particulière envers l'autre sexe. A les écouter, on les croirait simplement timides. Une analyse plus approfondie révèle qu'elles ne souffrent pas seulement d'une absence de courage, mais qu'elles repoussent elles-mêmes de manière subreptice toutes les avances possibles. A un niveau plus profond encore, on trouve un parti pris, en contradiction avec les désirs les plus naturels de l'être humain, de maintenir envers le sexe opposé une distance telle qu'aucun choc agressif ne soit possible. Ce n'est pas que ces personnes n'éprouvent aucune attirance;

bien au contraire, elles ont de l'homme ou de
la femme une si grande nostalgie, des rapports
sentimentaux une image si idéalisée, qu'elles n'osent
s'engager dans un commerce effectif avec un partenaire
déterminé de peur d'être déçues, et de n'être pas en
état de tolérer les éléments agressifs qui les obligeraient
à renoncer à leur idéal et à leur nostalgie. Souvent, alors
qu'elles ne connaissent pas d'expérience personnelle les
problèmes d'une vie commune intime, elles les
pressentent. Elles seraient incapables d'exprimer en
termes clairs ce qu'elles craignent d'une relation plus
étroite; mais possédant une capacité d'anticipation
inconsciente, elles écartent habilement toute occasion
qui serait de nature à conduire à une union effective
et permanente, dont elles savent d'une prescience
obscure et informulée qu'elle serait houleuse. Toutes
ces anticipations pessimistes, disons-le d'un mot, sont
le fruit d'une peur initiale. Non pas que l'individu
se représente l'autre sexe comme un ennemi aux
intentions franchement hostiles, mais éprouvant de
la peur, il craint les effets de sa peur sur l'autre.
Il voit déjà par avance les explosions pénibles où
se déchargera la tension née de l'accroissement de
la peur de l'un par celle de l'autre.

Les sources de cette peur à induction réciproque
sont connues. J'en ai montré une première quelques
pages plus haut, en attirant l'attention sur les sentiments de frayeur qui s'emparent de l'être humain
devant ce qui lui est dissemblable et qui relève de

la catégorie de l'insolite et de l'étrange. S'il est vrai que la chose la plus familière à l'individu est son corps propre, avec ses caractères manifestes et secrets, on peut conjecturer que la première révélation qu'il aura d'une anatomie différente de la sienne provoquera de la surprise, de l'étonnement et quelque frayeur, ce qui aura sur la perception une influence à ce point déformante que par un renversement complet des choses, les organes naturels de l'amour passeront pour des instruments de combat (organe masculin) ou des blessures (organe féminin). C'est à la perspicacité de Freud que nous devons de bien apercevoir aujourd'hui l'influence des différences anatomiques sur la formation de la psychologie masculine et féminine. Mais comme le créateur de la psychanalyse s'est en général borné à expliquer les difficultés de l'adulte en recourant aux fausses perceptions et aux conflits de l'enfance, nous avons le droit de nous demander s'il n'a pas succombé à une certaine précipitation en quittant trop vite le terrain de la psychologie des adultes. Les différences anatomiques ne frappent et n'intriguent que l'enfant de quelques années. Quant à l'adulte (au sens biologique), il ne lui faut pas une intelligence supérieure pour comprendre la signification réelle de ces différences. Et pourtant, sa timidité envers l'autre sexe subsiste après la rectification de sa manière de voir les complémentarités biologiques. Si, à l'adolescence, durant sa jeunesse ou dans l'âge mûr, l'individu continue à les interpréter dans un sens délirant, il n'est pas tout à fait dupe de ses interprétations : elles lui servent alors à exprimer en termes symboliques toute l'animosité qui l'oppose à l'autre sexe. A ce niveau d'évolution, la différence anatomique n'est plus une vraie cause efficiente de la frayeur, mais elle est exploitée à des fins expressives, je dirais presque, à des fins poétiques, comme image sensible du conflit entre l'amour et la haine. Les organes sexuels se trouvent alors chargés fictivement de toute l'ambivalence des sentiments de l'individu envers l'autre sexe. Aussi devons-nous chercher des causes plus profondes à la peur réciproque des sexes.

La permanence des affects qui s'emparèrent de l'enfant, au moment de la révélation des dissemblances anatomiques, n'est pas une cause suffisante puisque celle-ci disparue, la peur ou l'animosité subsiste. Mais, entre le moment de cette révélation et l'âge où l'appareil sexuel est arrivé à maturité, bien des événements se sont passés qu'il serait insensé de négliger. Et même depuis les premiers moments où l'organisme s'est trouvé sérieusement sensibilisé aux excitations érotiques, l'individu a effectué en soi tout un travail intérieur dont la description nous a pris plusieurs chapitres de ce livre. Aussi est-il naturel que nous cherchions à expliquer la peur réciproque des sexes par des éléments ayant leur origine dans l'*inconscient actuel*.

Les productions imaginaires de l'inconscient ne prolifèrent pas au hasard. Procédant du trouble instinctif et émotionnel de l'individu sollicité à la fois par la tendresse et la violence, partagé entre le plaisir et le devoir, entre la révolte et la soumission, elles s'expliquent par une recherche d'équilibre. Toutes les tendances s'y expriment en des images de soi-même, empruntées à la réalité et dans lesquelles on se projette. Mais ces multiples identifications, on ne peut pas les accueillir toutes avec la même faveur : la confusion subsisterait. On doit rejeter les unes aussitôt qu'elles apparaissent, adopter les autres avec sympathie et les développer en réaction contre les premières. Ainsi l'exige le principe d'équilibre. Toutes les images possibles de soi-même sont élaborées dans leur grande ligne, mais elles ne restent pas longtemps sur pied d'égalité; elles sont opposées les unes aux autres. Des contrastes se dessinent. Toute identification privilégiée entraîne du même coup le rejet de l'identification contraire, nous dirons une contre-identification. L'ambivalence instinctive y trouve son compte puisque tous les personnages que l'individu pourrait devenir se trouvent représentés, mais par ailleurs elle est dépassée dans la mesure où il y a un choix spontané, où l'individu donne une valeur positive à certaines images de soi-même, une valeur négative à d'autres.

Ce jeu serré d'identifications et de contre-identifications, il est indispensable de le comprendre parfaitement si on veut s'expliquer la peur hétérosexuelle. Aussi, avant de montrer le lien entre les deux phénomènes, arrêtons-nous au premier, le jeu des identifications et des contre-identifications, pour l'illustrer par quelques exemples cliniques.

Je cite d'abord le cas d'un jeune homme dont la préoccupation fondamentale est d'être vigoureux et violent. Il ne tolère en lui ni tendresse ni fragilité ni abandon. Nous serions portés à dire qu'il se conforme à un modèle masculin. A vrai dire, il n'en est pas encore là, et le mot de masculin est à la fois trop limité et trop vague pour rendre compte de ses désirs. Il cherche en fait à actualiser en lui toutes les tendances qui relèvent de la lutte. Ce qu'il faut observer, c'est que cette identification positive et consciente à tous les personnages qui symbolisent la force et la lutte inclut une contre-identification à tous les personnages qui évoquent la tendresse. Une préférence entraîne toujours une répugnance, l'affirmation d'un aspect de soi-même ne peut s'effectuer que par la négation d'un autre.

Prenons un autre exemple : la jeune fille qui a choisi la révolte et le plaisir. Cela ne signifie nullement qu'elle se livre effectivement à la débauche. Nous sommes dans le monde imaginaire. Le choix est emphatique. Mais cette insistance sur le côté aventureux et séditieux de sa nature se fait nécessairement par une dépréciation de toutes les attitudes de soumission, lesquelles sont aussi un côté d'elle-même. Cette jeune fille ressentira de l'horreur pour quiconque lui renvoie l'image de ce qu'elle ne veut être à aucun prix.

Ces deux exemples sont assez clairs pour que nous

puissions maintenant éclaircir le problème de la peur hétérosexuelle. En effet, chaque individu est porté par une inclination naturelle à attribuer à ce qui est le plus différent de lui-même, c'est-à-dire l'autre sexe, les attributs de cette image de soi qu'il se refuse à réaliser et à laquelle l'attache ce que j'ai appelé une contre-identification ou une identification négatrice. Les Grecs donnaient aux Barbares les vices grossiers qu'ils cherchaient à nier chez eux-mêmes. L'homme qui poursuit un idéal de force attribue à la femme ce goût de l'indolence et du laisser-aller qu'il porte en soi, mais qu'il est amené à combattre en raison de son idéal. J'ai souvent pu observer que ce sont les cœurs les plus chastes, dans le sens où ils ne se pardonnent aucune pensée sexuelle, qui sont le plus enclins à attribuer aux personnes de l'autre sexe sans distinction un goût pour les pires débauches. Ils voient dans les êtres les plus différents d'eux-mêmes par la conformation physique et morale ce qu'ils ne veulent voir ni laisser grandir dans leur propre mentalité. Loi implacable de la nature qui fait en sorte que ce qui est nié avec excès à l'intérieur de soi-même se trouve du même coup affirmé avec le même excès, en dehors de soi, dans les êtres qui nous ressemblent le moins par l'apparence extérieure. Loi terrible aussi puisqu'elle apporte le mécontentement chez ceux qui se voient ainsi attribués d'une manière injuste une nature ou des désirs qu'ils ne possèdent souvent qu'à l'état embryonnaire, ni plus ni moins que le commun des hommes. Si nous étions perfectionnistes, ne devrions-nous pas nous désoler de voir que nous sommes rarement pris pour ce que nous sommes, mélange de désirs et de traits plus ou moins contradictoires, mais pour ce que les autres ne veulent pas être, pour le siège de leurs désirs interdits ?

Dans cette loi, le lecteur aura reconnu le mécanisme de la *projection*, plus particulièrement étudié par Jung et Szondi, qui y virent rapidement l'explication du choix amoureux. Selon ces auteurs, nous choisissons de préférence comme partenaire l'individu de l'autre sexe qui présente à l'état visible — *phénotypiquement*, du verbe grec φαίνομαι, apparaître, manifester — les traits et les caractères qui en nous sont cachés, refoulés ou à l'état récessif, et qui constituent notre être d'un point de vue *génotypique*, — du mot gène qui signifie une possession à l'état constitutionnel, mais non conscient. Ce qu'il faut reprocher à ces auteurs, c'est la rigidité de leur distinction entre les traits dominants et les traits récessifs. Ainsi leur séparation entre *animus*, terme qui est du masculin et désigne tous les traits conscients de la personnalité, et *anima*, terme qui est du féminin et désigne les traits inconscients et refoulés, me semble trop tranchée. Elle contient au surplus une conception de la masculinité comme de la féminité qui se révèle à l'expérience quelque peu mythique ou transcendantale. Pour le psychologue clinicien, sensible au caractère inachevé de la structure psychique de la plupart des personnes, la masculinité ou la féminité n'existe pas, il n'y a que des êtres qui se cherchent dans l'obscurité, en se servant maladroitement de clichés littéraires ou psychologiques, lesquels entretiennent telle image particulière de la virilité ou de la féminité. Certes, je suis le dernier à nier qu'il existe sur le plan biologique et par contre coup, si l'individu est équilibré et unifié, sur le plan psychologique, une différence très nette entre les comportements masculins et féminins. Mais, dans la région psychique que nous explorons maintenant, il n'est pas encore question de conception objective, ni de cet équilibre qui pourrait se définir par une redécouverte, après tous les détours de l'inconscient et de l'imagination, de la simplicité naturelle. Nous sommes toujours dans un domaine qui est proche de l'inconscient et nous connaissons toutes les déformations auxquelles celui-ci se livre pour élaborer et purifier ses tendances agressives. Quand l'individu cherche à donner une forme à sa personnalité, il se guide sur un ensemble d'identifications et de contre-identifications qui n'ont rien ou très peu de commun avec une masculinité ou une féminité objective. Par conséquent, pour être moins systématique que Jung ou Szondi, je dirai qu'il y a une distinction entre des images de soi investies positivement et des images de soi investies négativement et que celles que nous projetons sur les autres, ce sont les dernières, c'est-à-dire celles dont nous tâchons de nous désolidariser.

Je me permets de faire encore une autre critique à la théorie des deux grands psychologues nommés : avant de se servir de la projection pour expliquer les choix de l'amour, ils auraient dû y recourir pour expliquer plutôt la peur devant les partenaires les plus attirants. La projection fait naître la peur avant ou, à tout le moins, en même temps que l'attrait. Il n'est pas difficile de le comprendre, si on retient que c'est précisément l'image de soi investie négativement, qui se trouve projetée en surimpression sur l'autre sexe. La peur devant l'autre sexe n'est souvent qu'une forme dérivée de la peur devant la partie excommuniée et interdite de nous-mêmes. L'homme sélectionnant dans les traits et les comportements de la femme les éléments de l'image négative de lui-même, il la fuit pour se fuir. De son côté, la femme ne supporte pas de trouver chez l'homme le personnage contre lequel elle a lutté en son for interne, pour assurer ce qu'elle a cru être son meilleur personnage pour elle-même.

Un exemple : c'est une jeune femme autoritaire et ambitieuse qui épouse, elle ne sait trop pourquoi, un homme doux, serviable et modeste. On s'attendrait à voir les deux conjoints heureux et contents de leur complémentarité. Bien entendu, il n'en est rien. Très vite, après peu de mois de mariage, les reproches réciproques commencent et, chose à première vue surprenante, ils portent pour la plupart sur des qualités qui avaient dicté le choix de chacun et qui se présentent maintenant comme des défauts rédhibitoires. Ainsi la femme accable l'époux de sarcasmes touchant son manque de virilité. Avant le mariage, elle lui trouvait une douceur qu'elle appréciait fort. Aujourd'hui, cette douceur lui devient insupportable. Elle y voit l'attribut d'un caractère efféminé. Voilà bien une inconséquence grave. Beaucoup se contenteront de l'expliquer par le caprice de cette jeune femme qui, dira-t-on, ne sait vraiment pas ce qu'elle veut : elle choisit un homme pour sa douceur, puis le rejette pour cette même qualité. Est-ce caprice, mauvaise volonté ou simplement le jeu naturel des lois qui président aux attraits et aux répulsions des humains ? Que s'est-il passé en réalité ? En y regardant de près, on constate que le mari n'est pas aussi doux qu'on pourrait le croire : il a du caractère, mais aussi de la bonté. C'est pour son caractère heureux que la femme l'a choisi. Mais au fil des jours de la vie commune, elle se met à relever en lui certains signes de faiblesse, elle marque d'une croix les côtés passifs de son tempérament, elle ne manque aucune occasion de le placer en état de subordination, elle fait tout pour le mettre à son service. On dirait qu'elle veut le transformer en femme. Ce n'est pas, bien entendu, un propos délibéré. Elle souffre même de la manière dominatrice dont elle le conduit. Dire qu'elle a un comportement « castrateur », ce n'est pas plus éclairant ni pour elle ni pour nous. Ce qui importe davantage, c'est de découvrir le mécanisme inconscient de la projection : dominatrice, ambitieuse et travailleuse (telle est l'image d'elle-même qu'elle perçoit et réalise), elle doit refouler les traits complémentaires : la soumission, la détente et le laisser-aller serein. Or, ce sont précisément ces traits qu'elle découvre chez son mari et qui le lui rendent insupportable et insatisfaisant. Dans un premier moment, inconscient, elle projette sur lui tout ce qu'elle ne veut pas être, et les défauts du mari — qui n'en a pas ? — grossissent sous cet éclairage projeté; puis dans un second moment, conscient celui-là, elle s'irrite de cette image négative d'elle-même qu'elle a imprimée sur son mari.

La proximité de la vie commune fait que nous modelons, sans nous en rendre compte, notre compagnon ou notre compagne sur la plus mauvaise et la plus inconsciente image de nous-mêmes. Et ensuite, nous nous étonnons de trouver insupportable ce partenaire, composé des bribes et morceaux dont nous n'avions que faire dans la construction de notre personnalité.

### 4.

C'est cet ensemble des phénomènes de la projection qui nous indique le moyen de diminuer la peur devant l'autre sexe et d'en subir plus librement l'attrait naturel. Moins nombreuses seront les images négatives projetées sur l'autre sexe, et moins s'imposera une attitude de défensive à son égard. Or, comment diminuer le nombre des images projetées sinon en relâchant le besoin de s'aveugler sur soi-même?

L'individu qui ne craint plus de se voir avec ses désirs les plus contradictoires et qui peut en accepter l'existence en lui, derrière son personnage de façade, sans aucune panique et sans la peur d'être entraîné par eux à des actes inadmissibles, celui-là acquiert une grande aisance envers les autres : il supporte de trouver en eux des traits de comportement dont il s'agaçait autrefois en raison de leur dangereuse parenté avec les aspects interdits de lui-même, et où il voit maintenant une simple identité ou ressemblance ne justifiant plus aucune inquiétude. La plupart de nos retraits devant les autres venant d'un retrait devant une partie de nous-mêmes, il est naturel que dans un sens inverse, une connaissance plus large et une acceptation plus sereine de nous-mêmes nous aident à tolérer chez les autres un plus grand nombre de défauts. En tout cas, ceux-ci cessent de subir un agrandissement dramatique. Ils sont ramenés à leur véritable dimension. Dans le domaine de l'attraction sentimentale, étonnants sont les changements qui surviennent quand l'un des partenaires adopte un jour comme siens les traits de l'image négative inconsciente dont il avait commencé par surcharger, à son insu, la personnalité de son partenaire.

Il me revient l'histoire d'un mari qui ne supportait aucun moment de paresse chez sa femme. Lui-même se levait à une heure tardive de la matinée, mais s'irritait contre sa femme quand il lui venait la fantaisie, le dimanche par exemple, de rester couchée près de lui ou de prendre son petit déjeuner au lit. Dans la journée, le mari s'agitait beaucoup et se donnait ainsi le sentiment de travailler et d'agir. En même temps, quand sa femme se plaignait de son surcroît de besogne, il lui reprochait sa faiblesse, il mettait en avant son propre travail, il partait en guerre contre toutes les femmes en général, contre leur caractère chagrin et ce qu'il appelait leur « mécontentement congénital ». Un jour vint où il se rendit compte que malgré les apparences, il travaillait peu et n'aimait pas son travail. Quelques réussites professionnelles, venues au bon moment, lui donnèrent du cœur à l'ouvrage. Il prit l'habitude de se lever à une heure plus matinale. Pensez-vous qu'il en devint plus exigeant avec sa femme ? A présent qu'il pouvait à plus juste titre, se proposer en exemple, il s'en gardait bien. Il voyait d'un œil plus indulgent les moments de détente qu'elle se permettait. C'était lui, maintenant, qui l'encourageait à se lever plus tard, à se ménager, à prendre du bon temps. L'image de sa femme n'était plus surchargée de ce trait de mollesse dont il avait essayé, au moment où il lui appartenait, de se décharger sur elle.

Dans le domaine de la sexualité, le passage de l'attrait homosexuel à l'attrait hétérosexuel demande une évolution de ce genre. L'image du sexe opposé est toujours surchargée d'un grand nombre de traits et de caractères qui ne lui appartiennent pas en propre et qui lui viennent de notre refoulement. Pour qu'elle devienne objective et exerce l'attrait qu'elle peut avoir, il faut qu'en disparaissent les surcharges. La femme la plus belle du monde laissera insensible ou hésitant l'homme qui a l'habitude de surcharger les personnes du sexe féminin des vices, des faiblesses ou des tendances qu'il cherche à raturer dans sa propre personnalité. Elle n'exercera son charme sur lui que dans la mesure où ces images projectives se dissiperont, où l'écran ayant disparu, elle pourra se manifester sans causer de l'effroi. En général, devant un homme qui ne se laisse plus effrayer par l'ombre portée de ses multiples visages, la femme peut être elle-même, c'est-à-dire se laisser aller à l'expression de ses conflits intimes et obéir à la tendance générale de sa personnalité.

En termes schématiques, je dirai donc que l'homme ne subit vraiment l'attrait de la femme qu'à la condition d'avoir perçu et accepté sa propre féminité, que la femme n'est en état de subir l'attrait masculin que le jour où elle reconnaît et tolère sa propre masculinité. Bien entendu, cette formulation doit être comprise dans un sens très souple. J'ai répété à plusieurs reprises la signification relative et mobile des concepts de masculinité et de féminité. Dans l'évolution de l'être humain, les deux mentalités ne sont pas nettement distinguées. J'irais jusqu'à dire que la féminité qu'il est question pour l'homme de reconnaître et d'accepter en lui avant de subir l'influence séductrice des femmes, n'est pas une féminité objective, fondée sur des constituants biologiques, mais une féminité subjective, c'est-à-dire l'ensemble des traits et des tendances que l'individu, homme, cherche, sous l'influence du milieu et de son histoire, à refouler de son moi. Elle est, d'un mot, l'image négative de lui-même, l'ombre portée de son mauvais personnage sur le sexe opposé. S'il arrive à identifier en lui, sans panique, cette féminité subjective, construite au moyen de tous les aspects indésirables de lui-même, il cessera de la projeter sur les femmes qu'il rencontre. Celles-ci pourront être féminines dans le sens où il craignait de l'être, elles ne l'effrayeront plus. Alors l'influx séducteur passera librement. De même pour la femme, la virilité est d'abord un synonyme pour toutes les tendances indésirables qu'elle porte en elle et dont elle se débarrasse en les portant en surcharge sur les hommes. Le jour où elle aura assez de confiance dans la maîtrise d'elle-même pour regarder en face, sans craindre leur puissance stimulatrice, ses tendances prétendument masculines, elle ne connaîtra plus de panique devant la virilité mythique des hommes, ombre portée de la sienne; elle fera la part entre ce que l'homme est réellement dans ses comportements, un mélange de générosité et d'égoïsme comme elle, et le masque qu'il se donne, quelque peu artificiellement et souvent en connivence avec elle, pour affirmer ce qu'il croit être la virilité.

Que les individus se reconnaissent jusque dans les images négatives d'eux-mêmes, et on les verra moins effrayés par l'être de sexe opposé. Celui-ci cessera d'être un objet de terreur pour devenir un semblable, d'autant plus attirant qu'il exprimera, à sa manière souvent complémentaire, les mêmes aspects conflictuels de la personnalité. La fascination fera place à l'attrait. L'homosexuel est fasciné par la femme, l'hétérosexuel attiré vers elle : c'est la différence entre le mythe et la réalité, entre un système de projections et une perception des qualités réelles.

# CHAPITRE SIXIÈME

# LES RITES DE L'AMOUR

Une fois en état d'accepter le caractère du partenaire, sa féminité ou sa masculinité, l'individu devient plus naturel à son égard. Rien n'est aussi difficile à définir que ce naturel. Après les nombreuses et complexes élaborations intérieures dont j'ai montré, dans les chapitres antérieurs, la genèse et la nature, il y a comme un retour à la simplicité des réactions biologiques. La peur entre les deux partenaires étant tombée, une certaine résonance entre les deux mondes intérieurs et inconscients s'étant établie, plus rien ne fait obstacle, semble-t-il, au jeu des actions et des réactions sexuelles. Pourtant, entre le moment où un attrait réciproque est né entre deux individus, homme et femme, et celui de la conjonction charnelle, il se passe encore une série de comportements et d'émotions que seuls les êtres frustes ou inhibés suppriment, au grand détriment de la satisfaction finale. Dans l'ordre normal des choses humaines, l'acte sexuel se prépare par une suite de préliminaires, éloignés et proches, suite qui prend un temps plus ou moins long selon l'habitude que les deux partenaires ont l'un de l'autre. Ce chapitre et le suivant, je voudrais les consacrer à chercher le sens psychologique de ces préliminaires. Ils contiennent des attitudes qui ne vont pas de soi. D'aucuns n'arrivant pas à les prendre, c'est l'échec, juste avant le moment d'aboutir. Tant que les deux individus jugeaient de leur entente et des possibilités d'un rapport sexuel sur l'intensité de leur attrait réciproque, aucun motif de découragement ne leur apparaissait. Leur confiance diminue dès lors qu'ils doivent passer aux actes préliminaires. En eux-mêmes, ceux-ci ne présentent aucune difficulté matérielle : apporter un cadeau ou une caresse est un comportement qui ne demande, du point de vue moteur, aucune aptitude spéciale. Si des individus trouvent des obstacles à ces gestes préparatoires de l'amour, c'est que ceux-ci sont sous-tendus par des attitudes et des sentiments qu'il n'est pas donné à chacun ni à tout moment de prendre et d'éprouver sans résistance intérieure.

Mais avant de définir ces attitudes, il faut énumérer brièvement les actes préliminaires dont il est question. Ils sont à long terme ou à court terme. A long terme, ce sont les comportements qui remplissent généralement la période dite des fiançailles : échange de politesses, de cadeaux et de visites. Je ne voudrais cependant pas lier ces actes à l'institution du mariage et de ses préparatifs. Nous en trouvons aussi dans le cas où deux partenaires attirés l'un vers l'autre obéissent à cette attraction sans vouloir ou sans pouvoir (en raison d'un lien déjà établi, par exemple) s'unir par un mariage. L'homme offre un dîner, apporte des fleurs, du parfum, des friandises. La femme prépare elle-même un repas, elle fait des cadeaux adaptés à l'activité ou à la toilette de l'homme. A court terme, les actes préliminaires sont ceux que décrivent toutes les études sur le comportement sexuel : les baisers et les caresses. Nous étudierons dans ce chapitre les préliminaires lointains, laissant pour le chapitre suivant les préliminaires immédiats.

## I.

L'ensemble des comportements qui suivent l'attrait réciproque et doivent préparer l'abandon d'un partenaire à l'autre, nous les résumons par une expression courante : faire la cour. Cette locution a une histoire. Elle vient du Moyen Age Occidental et reflète un état d'âme propre à une société aristocratique : l'amour *courtois* unit un chevalier ou un troubadour à sa dame, non pas sur le plan sexuel ou sensuel, mais sur un plan que Nelli, un excellent spécialiste de l'amour provençal, appelle érotico-magique : « un chevalier choisissait une dame, s'identifiait à elle en lui donnant son amitié pour qu'en échange elle le fît bénéficier de son rayonnement magique bénéfique [1] ». C'est une brillante thèse que celle de Nelli. Il part de l'idée que l'homme commence par prendre la femme pour un simple objet de plaisir. En tout cas, l'homme ne pourrait pas, sans une évolution de sa sensibilité, porter sur la femme qu'il convoite, les sentiments de tendresse qui le lièrent, enfant, à sa mère. Ce qui serait défendu, ce ne serait donc pas l'acte sexuel avec une femme, mais l'union de l'amour et de l'acte charnel, union qui, elle seule, constituerait un véritable inceste. Les sentiments de tendresse, l'homme les réserverait à sa mère, tandis que le plaisir sexuel, il ne le demanderait qu'à des femmes achetées ou conquises, mais jamais aimées. Telle serait la « conscience masculine » primitive. Pour oser aimer une femme différente de la mère, pour se permettre de porter sur une femme de son choix tout ensemble le désir sexuel et des sentiments de tendresse, il fallut, de l'avis de Nelli, que l'homme subît une série de transformations psychiques internes. La principale eût été une sorte d'identification à la femme. Avant d'aimer une femme, l'homme aurait eu soin d'éveiller en lui-même sa propre féminité. C'est en aimant une autre femme *passionnément*, comme par un destin intérieur, qu'il n'aurait plus eu la sensation de l'inceste. Il n'aurait cherché dans la femme réelle qu'un support à sa propre féminité idéale, à sa propre maternité psychique. Dans cette évolution, Nelli

[1] René NELLI, *L'amour et les mythes du cœur*, Paris, Hachette, 1952, p. 84.

attache une importance primordiale au rite magique de l'échange des cœurs : « rite de communion animique au cours duquel le cœur de l'homme était censé se loger dans le sein de l'amie et celui de la femme, dans la poitrine de l'ami. Le couple était ainsi indissolublement constitué : il ne formait qu'un être unique. Tout ce qu'éprouvait l'un était aussitôt éprouvé par l'autre [1] ».

Nelli se place dans une perspective historique et suppose un parallélisme entre l'évolution de la sensibilité humaine et l'évolution des œuvres littéraires, desquelles il est un éminent connaisseur. Bien des questions peuvent se poser touchant cette méthode qui mélange psychologie et histoire littéraire. Il est tentant de voir dans l'enchaînement des thèmes poétiques de l'amour, au fil des siècles, les principales étapes de développement de la sensibilité humaine. Mais un parallélisme de ce genre est-il fondé sur les faits ? Nous n'avons pas à résoudre ici ce problème. Je voudrais ne retenir de l'étude de Nelli que la signification magico-rituelle de l'*échange de cœurs*, et attribuer à ce rite la valeur d'une expression, entre beaucoup d'autres, d'une nécessité psychologique qui serait de tous les temps et de tous les pays, depuis que l'homme est homme, la femme est femme et qu'il existe entre l'un et l'autre une tension que nous avons définie par la notion de sexualité agressive.

L'homme doit assimiler le cœur de la femme, la

[1] René NELLI, *op. cit.*, p. 92.

femme celui de l'homme. Le cœur est, comme le sang, la salive et la respiration dans des textes anciens, un symbole de la vie. L'échange des cœurs représente par conséquent un échange, un don réciproque de soi-même dans sa totalité. Faut-il y voir un rite par lequel l'homme doit acquérir de la féminité, la femme de la virilité? Cette interprétation me semble relever d'un symbolisme très élaboré et être le fait de civilisations raffinées, où les gestes familiers, élémentaires et indispensables de l'amour ont été enrobés dans des métaphores savantes, déjà fort éloignées des nécessités psychiques primitives.

Quelles sont ces nécessités psychiques primitives? Nous avons vu, dans le chapitre précédent, que l'homme devait d'abord cesser d'être effrayé par la femme, la femme par l'homme. Chacun des sexes, pour subir l'attraction réciproque, devrait cesser de voir l'autre à travers le prisme déformant de ses fantasmes. L'*échange des cœurs* est un symbolisme qui relève encore de ce monde fantasmatique. Il exprime un don réciproque qui va de pair avec une mort de soi-même. Il y subsiste l'image de l'amour associé à la mort, à la blessure, au sang. Le véritable don commence au-delà de cette symbolique effrayante et fascinante. L'échange des cœurs est la poétisation, à la fois belle et terrible, d'un échange plus primitif, plus simple et plus proche de la nécessité psychologique qui s'impose à ceux qui veulent obéir à l'attraction réciproque et arriver à la possession charnelle.

De la même manière, *faire la cour* est une expression historiquement marquée, d'origine littéraire et qui reste du domaine de l'expression fantasmatique : l'homme fait allégeance à la dame de son cœur, comme un vassal à son suzerain, comme un courtisan à son roi. Dans ces images, répandues par les troubadours et les poètes, influencées par le cadre social de ceux-ci, il y a comme une emphase verbale (l'emphase de tous les amoureux) des gestes plus simples et plus primitifs de l'amour naissant. Il faut soigneusement distinguer les images signifiantes de la réalité signifiée. Les images signifiantes sont déterminées par l'époque dans laquelle on vit : fusion magique des cœurs aux époques de sorcellerie et d'animisme, rapport de vassalité au moment de la féodalité, allégeance à l'époque des cours royales, folie au moment où se développe l'opposition entre la raison et l'irrationnalité (XIX$^e$ siècle). Les images signifiantes ont leur temps et relèvent de la mode. La réalité signifiée, bien que n'ayant pas d'existence en dehors de ces images, est plus permanente et nous ramène toujours à une nécessité psychologique, inhérente au développement de l'amour et à son heureux aboutissement.

Pour mieux comprendre la signification sous-jacente à ces images emphatiques, redescendons à des comportements plus simples, qui existent aussi bien dans notre société que dans des sociétés primitives. On apporte de la nourriture, des œuvres d'art, des coquillages ou des bijoux, des trophées de victoire. Chez les Arapesch, « comme le père qui fonde son droit, non sur le fait d'avoir donné le jour à son enfant, mais sur celui de l'avoir nourri, le mari exige de sa femme soins et dévouement, non pas en invoquant le prix qu'il a payé pour elle ou son droit de propriétaire, mais en vertu de la nourriture qu'il lui a fournie pendant sa croissance et qui est devenue *l'os et la chair de son corps*. Dès sept ou huit ans, la petite fille est fiancée à un garçon d'environ six ans son aîné, et part habiter chez lui. Là, beau-père, « époux » et beaux-frères se partagent la tâche d'élever la petite fiancée. Mais c'est au jeune « mari » adolescent qu'il incombe en particulier de cultiver les ignames, de faire le sagou et de chasser le gibier pour nourrir sa « femme ». Ce sera là, plus tard, le plus sûr fondement de son droit. Si elle flâne, boude ou refuse d'obéir, il pourra dire : « J'ai fourni le sagou, j'ai cultivé les ignames, j'ai tué le kangourou *qui ont fait ton corps*. Pourquoi n'apportes-tu pas le bois pour le feu[1] ». Voici donc une organisation des mariages qui diffère considérablement de la nôtre, mais ce qui est remarquable, c'est que le lien qui fonde l'union et lui donne sa force, ce n'est pas l'échange fait par les familles respectives entre la jeune fiancée et le prix payé, mais bien la conduite du jeune mari : pendant des années, il lui a fourni la nourriture « qui est

[1] M. MEAD, *Mœurs et sexualité en Océanie*, Paris, Plon, 1963, p. 73.

devenue son corps ». La formule est suggestive et fait allusion à un rôle maternel incontestable.

Toujours d'après Margaret Mead, « Les Samoans adolescents reviennent de la pêche. D'abord, ils mettent de côté le « poisson tabou » qui doit être envoyé au chef. Puis fièrement, ils garnissent de petits paniers en feuille de cocotier pour aller les offrir à leur belle » [1]. Dans ce nouvel exemple, un détail est remarquable : avant le don à la femme attirante et aimée, il faut le don au Chef. En rapprochant ces coutumes de celles de notre Occident chevaleresque, où on fait la *cour* à une femme, on aboutit à la conclusion que, dans les préliminaires de l'amour, entre l'homme et la femme, on utilise des usages sociaux qui relèvent de la catégorie « politique » de la « dominance-soumission ». On laisse entendre à la jeune fille courtisée qu'on est à son égard dans les mêmes dispositions que celles où il faut être, en vertu de l'organisation sociale, envers le chef, le suzerain ou le roi.

Dans ces rites d'allégeance symbolique, la nourriture joue un rôle capital : on apporte du sagou, des ignames, un pain de riz, du blé (les prémices offertes par nos fermiers à leur propriétaire), de la pâtisserie, des friandises. A travers la relativité des coutumes, déterminée par la nature des productions régionales, subsiste un élément permanent : ce qui est offert en prémices au chef, en cadeaux à la fiancée ou à la maîtresse, doit être le meilleur dans son genre, le

[1] *Op. cit.*, p. 308.

plus fin et le plus agréable à manger. Dans une société pauvre où le problème fondamental de la faim n'est pas résolu, un gâteau de belle farine peut être un cadeau de choix, tandis que chez nous, société riche et comblée, il ne viendrait à aucun amant l'idée d'offrir à celle dont il convoite les faveurs un pain ou un morceau de viande.

Quand bien même ce n'est pas de la nourriture qui est offerte, mais des coquillages ou des bijoux, objets de parure, la même obligation subsiste : il faut que l'objet soit de luxe, qu'il se présente avec des caractéristiques qui le sortent de la banalité. S'il peut servir à quelque usage, il doit être revêtu d'ornements superfétatoires. Plus l'objet est commun, moins il peut servir de cadeau. Nous retrouvons la notion de prix et de valeur.

Pourtant une restriction doit être apportée à cette notion. Offrir simplement de l'argent, cet instrument des échanges commerciaux, est dans cette phase de l'amour d'une grande indécence. Dans un contrat de mariage, qui doit fixer les droits et les devoirs de chacun, l'échange ou la mise en commun des biens matériels ne heurte pas les sentiments : l'accord émotionnel est présupposé, au moins dans nos sociétés individualistes. Mais quelles que soient les mœurs, les coutumes et les législations matrimoniales, il est une loi qui semble générale : pour conquérir la sympathie et les faveurs d'un ou d'une partenaire, on ne peut pas se contenter de lui donner de l'argent ou quelque autre objet servant habituellement aux échanges commerciaux. Si dans les rapports charnels ne joue que la loi « donnant-donnant », ils relèvent de la prostitution, forme de commerce où un plaisir physique est troqué contre une somme d'argent selon une proportion définie par la loi de l'offre et de la demande. On peut se demander pourquoi la prostitution est aussi insatisfaisante que répandue. Les partenaires n'y trouvent pas, semble-t-il, tout le plaisir qu'ils sont en droit d'attendre des rapports sexuels. Nous connaissons déjà une des raisons de ce déficit : généralement tout le côté expressif de l'amour en est absent. Nous pouvons ajouter maintenant que l'aspect d'échange économique y prédomine, que les préliminaires rituels, sous la forme d'échanges de cadeaux, n'y figurent pas, l'homme et la femme demeurant ainsi dans leur détresse.

Le mot de détresse nous rapproche de la signification des actes préliminaires. Dans l'échange des cadeaux, les êtres humains ne poursuivent pas à vrai dire un but économique passager. Ils y cherchent l'assurance d'un dévouement réciproque qui ne soit pas à la merci des humeurs et des besoins du moment. Dans le cadeau que la jeune fille reçoit, elle voit sans doute un objet de prix dont la possession la réjouit, mais aussi et surtout le signe que l'homme qui la recherche lui donne un des biens auxquels il tient le plus et qu'il est disposé à se placer au-delà des purs échanges de type économique, au-delà du domaine du calcul où l'on pèse ce qu'on donne et ce qu'on reçoit, à un étiage psychique et moral où il y a plus de plaisir à donner qu'à recevoir. La remise du cadeau est un rite qui signifie qu'avec la personne aimée, l'agressivité est définitivement dominée au profit de la sympathie et de l'amour. C'est par conséquent destiné à apaiser la détresse du partenaire recherché, lequel ne sait jamais de quoi seront faites les dispositions du lendemain. En offrant des objets qui vont plus loin que l'utilité quotidienne, qui dépassent ce qui est dû en vertu des lois de l'échange équitable, l'amant signifie à l'amante que son agressivité est apaisée en sa faveur, non seulement pour le moment présent où il est sous le coup de l'excitation érotique, mais encore pour l'avenir et pour toujours, quelles que soient les incertitudes du lendemain. Geste de pacification, cet échange des dons est une caution sur l'avenir.

Dans la langue grecque, le terme employé pour désigner les fiançailles, ἐγγύησις , exprime bien cette signification. Il vient du verbe ἐγγυάω : remettre en mains donner en gage, offrir comme caution. L'ἐγγύη est l'objet qu'on met dans la main comme gage. Cette étymologie fait penser à un geste qui, dans certaines régions agricoles, est aujourd'hui encore en usage entre les marchands : quand le marché est conclu verbalement, et afin qu'aucun des contractants ne revienne sur sa décision avant l'échange effectif du bien acheté et du prix offert, il faut engager l'avenir, ce qu'ils font en crachant chacun dans leur main droite, puis en la frappant dans celle de l'autre; à partir de ce moment, la convention a une valeur durable et n'est plus à la merci des changements d'humeur ou des regrets. Comme si la salive, chose intime et principe vital, était échangée dans un don qui dépasse la transaction et donne à celle-ci une stabilité qu'elle n'aurait pas sans cela. Pour les Grecs, il semble bien que les fiançailles fussent constituées par un gage de cette sorte, qui donnait à l'échange entre les deux familles, celle qui offrait la jeune fille et celle qui offrait le garçon, une valeur stable, à l'abri des menaces de retrait. Certes, ces coutumes nous renvoient à une certaine organisation des mariages, basée sur des conventions entre les familles. Mais on peut supposer qu'avec la croissance de l'individualisme, ce furent progressivement les partenaires eux-mêmes, qui assumèrent pour leur propre compte ces gestes rituels, caution sur l'avenir et promesse de paix durable.

Reprenant l'admirable *Essai sur le Don* de Mauss, l'approfondissant à sa manière toujours remarquable, Lévi-Strauss montre que dans les sociétés primitives aussi bien que dans la nôtre, « un avantage mystérieux s'attache à l'obtention de commodités — ou tout au moins de certaines d'entre elles — par voie de dons réciproques plutôt que par celle de la production ou de l'acquisition individuelles »[1]. Il fait allusion à ces

[1] Lévi-Strauss, *Les structures élémentaires de la parenté*, Paris, P.U.F., 1949, p. 70.

« vastes opérations d'échange » auxquelles donnent
lieu chaque année des fêtes comme la Noël, la Nouvelle
Année ou Pâques. « Tout se passe, dans notre société,
comme si certains biens, d'une valeur de consommation non essentielle, mais auxquels nous attachons
un grand prix psychologique, esthétique ou sensuel,
tels les fleurs, les bonbons et les « articles de luxe »,
étaient considérés comme devant convenablement
s'acquérir sous la forme de dons réciproques, plutôt
que sous celle de l'achat et de la consommation
individuels [1] ». En expliquant la signification de ces
échanges dont le résultat économique est nul — on
reçoit autant qu'on donne —, Lévi-Strauss parle de
but moral à atteindre, de sentiment amical à créer,
de tension à résoudre. Dans une coutume personnel-
lement observée par lui et qui a la valeur d'un apologue,
il montre deux convives dans un restaurant modeste
du Midi de la France : chacun mange pour son
propre compte, mais il n'en va pas de même du vin,
cette boisson précieuse par laquelle on manifeste
l'amitié ou l'honneur qu'on veut faire à quelqu'un.
Le convive verse sa bouteille à son voisin et celui-ci
fait de même à l'égard du premier. « Que s'est-il donc
passé ? Les deux bouteilles sont identiques en volume,
leur contenu semblable en qualité. Chacun des
participants de cette scène révélatrice n'a, en fin de
compte, rien reçu de plus que s'il avait consommé

---

[1] *Op. cit.*, p. 71.

sa part personnelle. D'un point de vue économique, personne n'a gagné et personne n'a perdu. Mais c'est qu'il y a bien plus, dans l'échange que les choses échangées » [1]. Quel est ce plus ? Les deux personnes qui échangent leur vin des deux côtés de la table ne sont pas des ennemis, mais des étrangers : « Un conflit, pas très aigu sans doute, mais réel et qui suffit à créer un état de tension, existe, chez l'une et l'autre, entre la norme de la solitude et le fait de la communauté. Elles se sentent à la fois seules et ensemble, contraintes à la réserve habituelle entre étrangers, alors que leur position respective dans l'espace physique, et leur relation aux objets et aux ustensiles du repas, suggère et dans une certaine mesure réclame, l'intimité... C'est de cette situation fugace, mais difficile, que l'échange du vin permet la résolution. Il est une affirmation de bonne grâce, qui dissipe l'incertitude réciproque, il substitue un lien à la juxtaposition [2] ». Revenant de cette observation mineure, mais combien suggestive, aux coutumes d'une peuplade qu'il a pu étudier sur place, les Indiens *Nambikwara* du Brésil occidental, l'auteur nous met en présence de petites bandes nomades qui se craignent et s'évitent, mais en même temps ont besoin d'entrer en contact les unes avec les autres pour des raisons économiques : « il y a un lien, une continuité, entre les relations hostiles et la fourniture de prestations

[1] *Op. cit.*, p. 75.
[2] *Op. cit.*, p. 76.

réciproques : les échanges sont des guerres pacifique-
ment résolues, les guerres sont l'issue de transactions
malheureuses. Ce trait est bien mis en évidence par
le fait que le passage de la guerre à la paix, ou tout
au moins de l'hostilité à la cordialité, s'opère par
l'intermédiaire de gestes rituels, véritable « inspection
de réconciliation » : les adversaires se palpent réciproquement, et avec des gestes qui ont encore quelque
chose du combat, inspectent les colliers, pendants
d'oreille, bracelets, ornements de plume les uns des
autres, avec des murmures admiratifs [1] ». Ce prélude,
situé à mi-chemin entre l'hostilité et l'amitié, aboutit
finalement aux « cadeaux reçus, cadeaux échangés, mais
silencieusement, sans marchandage, sans expression
de satisfaction et sans réclamation et sans lien apparent
entre ce qui est offert et ce qui est obtenu » [2].

Si Lévi-Strauss a repris et approfondi l'étude de
Mauss sur le don, c'est en ordre principal pour montrer
que l'organisation des mariages, dans les sociétés
primitives, entre également dans ce canevas des dons
réciproques : les femmes, biens précieux entre tous,
sont échangées contre des femmes : échange qui
empêche les clans de se fermer sur eux-mêmes et
qui serait à la base de la vie sociale. Cette thèse
séduisante, l'anthropologue la résume ainsi : « une
transition continue existe, de la guerre aux échanges,
et des échanges aux inter-mariages, et l'échange des

[1] *Op. cit.*, p. 86.
[2] *Op. cit.*, p. 86.

fiancées n'est que le terme d'un processus ininterrompu de dons réciproques, qui accomplit le passage de l'hostilité à l'alliance, de l'angoisse à la confiance, de la peur à l'amitié » [1]. Si à mon tour je reprends la thèse de Lévi-Strauss, ce n'est pas dans une perspective sociologique, mais psychologique, pour voir si le sens de ces coutumes et de ces comportements d'apaisement réciproque n'est pas le même entre deux individus, homme et femme, attirés l'un vers l'autre dans un sentiment de crainte mutuelle, qu'entre deux peuplades étrangères et méfiantes.

Dans la société, il n'y a pas que des familles qui se méfient l'une de l'autre et qui soient soulagées par des dons réciproques, témoignage de la sourdine mise à l'agressivité. Les individus connaissent l'un en face de l'autre la même peur, surtout quand ils sont du sexe opposé. C'est la peur que nous avons analysée dans le chapitre précédent et qui se fonde sur l'agressivité latente dont il subsiste des signes de part et d'autre, même après la fine et obscure élaboration de notre sexualité agressive première. L'attrait s'étant discrètement manifesté d'un homme à une femme, il leur reste à conjurer toutes les menaces d'un réveil d'hostilité. Tel me semble être le sens de tout le rituel de l'amour, rituel d'exorcisme de la peur, de l'angoisse et de tous les ennemis de l'union.

[1] *Op. cit.*, p. 86.

Avant qu'il y ait reddition totale de l'un à l'autre, l'assurance doit être obtenue qu'en principe, sinon en réalité, toute agressivité de l'autre envers soi-même est tombée et qu'il n'en subsiste plus que pour écarter les dangers extérieurs, que pour assurer la conservation jumelée des deux membres du couple. Le cadeau est le moyen inventé par l'être humain pour signifier qu'on tient à dépasser l'intérêt égoïste, qu'on est disposé à rechercher, avec autant d'ingéniosité que s'il s'agissait de soi-même, l'intérêt et le plaisir de l'autre.

On nous objectera que ce sens des cadeaux et de la cour amoureuse échappe la plupart du temps aux intéressés. En échangeant bagues et colifichets, des fiancés ne penseraient pas à la signification que nous croyons découvrir à ces coutumes. Ils se contenteraient de se conformer à l'usage : « ce sont choses qu'il convient de faire quand on s'aime ». L'objection est intéressante, autant par ce qu'elle a de vrai que de faux. Il est vrai que les intéressés, en faisant ces actes, se trouvent souvent dans l'ignorance de la signification de ceux-ci. Tout au moins n'en possèdent-ils pas une connaissance explicite, analogue à celle de l'observateur scientifique. De plus, il est vrai que dans ces comportements de la cour amoureuse, ils s'adaptent, souvent sans y penser, à des usages qui portent toujours la marque du temps et de la région. On peut même aller jusqu'à dire qu'avec la cour amoureuse que se font homme et femme commence enfin une vraie « socialisation [1] » de l'amour. Les individus sortent de leurs émotions, de leurs sentiments et du cadre très subjectif de leur attraction mutuelle. Ils vont alors chercher dans les coutumes ce qu'elles contiennent de plus significatif, de plus prégnant. Il est même vraisemblable que la plupart des rites qui font partie de la cour amoureuse constituaient primitivement des coutumes en usage entre des groupes d'hommes faisant la paix ou se jurant une fidélité éternelle, coutumes qui furent ensuite utilisées à des fins individuelles, pour obtenir les faveurs d'un ou d'une partenaire. C'est le moment, pour le lecteur, de se rappeler ce que fait le jeune adolescent Samoan, quand il revient le soir d'une pêche fructueuse : il prélève d'abord, pour le chef, le « poisson tabou », puis il prend un certain nombre d'autres poissons pour en garnir les petits paniers qu'il aura le fier plaisir d'offrir à la nuit tombante à celle qu'il veut séduire. Le rapport entre la coutume sociale, d'ordre politique, et la technique individuelle de séduction est clair dans cet exemple : pour obtenir de la jeune fille sa sympathie, le garçon lui fait l'hommage qu'on doit adresser normalement au chef de la tribu. Ce qui est obligation ici devient là un comportement gratuit, signe d'élection et de désir.

Mais si les individus et les couples de l'espèce

[1] Au sens *psychologique* du terme, comme quand on parle d'un enfant en train de se « socialiser », de s'adapter à certaines normes de son milieu.

humaine sélectionnent de cette manière des comportements sociaux, d'ordre politique ou autre, c'est dans
un but précis, sans même qu'il soit l'objet d'une
connaissance explicite. Il s'agit de désarmer le
partenaire, de supprimer chez lui les attitudes
défensives et les réticences qui subsistent en dépit
de l'attraction. A cette fin, on utilise en guise de rites
les gestes, les comportements et les paroles qui
renvoient à un type de relation stable, celle par
exemple qui relie une mère à son enfant, un vassal
à son suzerain, un courtisan à son roi, même un aliéné
à son objet de délire. Ces formes de relation qui sont
caractérisées par la solidité et l'intimité du lien peuvent
toutes servir à un individu d'image signifiante, de
symbole destiné à faire comprendre à un autre individu
— la partenaire — qu'elle n'a rien à craindre de
son instabilité et qu'il est prêt à nouer avec elle un
rapport durable.

J'ai parlé plus haut de détresse. La philosophie
contemporaine a montré que l'être humain est dans
son tréfonds un être de détresse. Il ne subit pas
seulement, comme l'animal, les coups du sort : le
froid ou la chaleur, la faim, la maladie, la vieillesse
et la mort. Il garde le souvenir des maux dont il lui
est arrivé de souffrir. Il connaît par anticipation toutes
les infortunes qui peuvent lui arriver. Il prévoit même
sa mort, ce qui constitue peut-être la raison la plus
profonde de son angoisse. Avec ce supplément de
mémoire et d'anticipation, il vit dans un plus grand

effroi. Aussi cherche-t-il, plus que tout autre animal, à prévoir et à se prémunir contre l'infortune. D'un égoïsme exarcerbé, il se méfie davantage de l'égoïsme de son voisin, qu'il sait être son semblable. Avant de laisser tomber ses dernières armes, il y regarde de près et demande garanties et cautions. Avant de livrer son corps à celui d'un autre, dans une nudité qui symbolise l'abandon de toute arme, il doit subir l'effet pacifiant d'une série de rites, tous orientés dans le sens d'une assurance de dévouement durable.

L'être humain n'étant pas un pur esprit, la partenaire courtisée ne se contente pas de paroles quelconques. Celles-ci sont d'ailleurs faciles à dire, sans compter qu'elles peuvent servir autant à camoufler des attitudes qu'à les exprimer. Les paroles qui sont attendues doivent être rituelles et solennelles. Elles ne peuvent avoir le ton banal des bavardages quotidiens, des marchandages ou de la basse persuasion politique. Il leur faut une espèce de style liturgique, apte à signifier ce caractère définitif qu'on veut donner à la relation et au dévouement. Ce n'est pas un hasard si les grands textes religieux de l'humanité parlent le langage de l'amour. C'est que dans celui-ci se manifeste déjà un caractère sacré, rituel, qui le prépare à exprimer des réalités situées au-delà du flux de la vie quotidienne. Les paroles de la cour amoureuse ont quelque chose de stéréotypé qui les place d'emblée au-dessus des caprices individuels. Elles ont ce brillant, cet éclat, ce caractère précieux que doivent avoir également les cadeaux en espèces — nourritures ou objets — pour porter adéquatement la signification rituelle dont on veut les charger. Cet éclat d'or ou de perle est un symbole de pérennité ou de gratuité, en contraste avec le caractère consomptible des choses courantes et indispensables.

## 2.

Les *grandes images signifiantes* dont se sert le langage amoureux pour répondre à la détresse de l'individu et le pacifier par une assurance de stabilité, sont empruntées, ai-je dit, à la réalité sociale ou naturelle. Nous allons en parcourir quelques-unes parmi les plus suggestives, parmi les plus « signifiantes ». Je répète que chaque époque a les siennes. Au fur et à mesure que les unes s'usent et se vident, d'autres sont inventées, qui scandalisent les aînés et réjouissent les jeunes.

a) Revenons d'abord à l'exemple décrit plus haut, des *Arapesch*. Dans cette tribu, où les mariages sont fixés par les familles dès le plus jeune âge des garçons et des filles, le fondement de l'union, aux yeux des conjoints, se trouve cependant dans le fait que le mari a nourri sa jeune femme, nourriture venant de lui et qui a fait l'os et la chair du corps de la femme. Le sagou, les ignames, le Kangourou, tous ces produits de sa culture et de sa chasse, sont devenus le corps de son épouse. Dans ces images primitives et émouvantes pointe discrètement l'idée que l'homme est comme la mère de sa femme, que le lien qui l'unit à elle est aussi étroit que celui qui relie la femme génitrice à l'œuvre de sa chair, son enfant. Le même symbolisme fait la valeur du récit, dans la Genèse, de la création d'Ève, la première femme et la première épouse, issue d'une côte du premier homme, Adam.

Une certaine psychanalyse se fonde sur le contenu de ces symboles pour conclure à un désir d'identification maternelle chez l'homme qui prend femme. S'il arrive à un individu d'être incapable de choisir une partenaire et de lui faire une cour amoureuse, elle expliquera qu'en raison des conflits de son enfance avec sa mère, il est incapable de s'identifier à elle et par voie de conséquence de prendre les attitudes maternelles adéquates qui s'imposent dans la cour amoureuse. Une explication de ce genre, sans être fausse, me paraît incomplète. Elle en reste au plan de l'expression des désirs et n'arrive pas au niveau de la signification des intentions. La relation mère-enfant est une image symbolique appelée à signifier un dévouement d'homme à femme plus total que celui qui se trouve impliqué dans les tractations journalières entre adultes occupés à leurs affaires. Que certaines personnes échouent à exprimer à des partenaires virtuels ce symbolisme, cela provient de la trop forte dose d'hostilité qui subsiste en eux à l'égard de la femme. Ils se sentiraient vraiment trop hypocrites d'assumer, dans leur conduite ou dans leurs paroles, un si lourd et si grandiose symbolisme.

b) A l'autre bout de la civilisation, en contraste

avec cette image primitive de la femme, rejeton formé par l'homme, nous trouvons une image signifiante d'allure savante, mais aussi grandiose : celle du retour à la mère. Il faut lire l'ingénieux essai de Sandor Ferenczi sur la *Psychanalyse des origines de la vie sexuelle* [1] pour observer comment une recherche qui se veut objective et scientifique peut insensiblement virer en la production d'une image signifiante qui n'a rien à envier aux plus grands mythes de l'humanité. L'auteur, ami et disciple fidèle de Freud, démontre que « l'acte d'accouplement est en réalité l'expression du désir de retour dans le sein maternel » [2]. Il y développe sa conception touchant « l'universalité de l'*instinct de régression maternelle* et de sa réalisation par le coït [3] », « coït permettant le retour réel — bien que partiel seulement — dans l'utérus maternel [4] ». Etendant sa thèse aux dimensions d'une vision globale sur le règne animal, il en arrive à écrire : « Finalement, les vertébrés supérieurs ont réussi à organiser la fécondation interne et le développement à l'intérieur du corps de la mère et à coupler ainsi avec succès cette forme d'existence parasitaire et le désir de régression thalassale [5] ». Pour expliquer cette dernière

[1] Dr Sandor FERENCZI, *Thalassa, Psychanalyse des origines de a vie sexuelle*, traduction française de N. Abraham, Paris, Payot, 1962 (l'édition originale est de 1923).

[2] *Op. cit.*, p. 46.

[3] *Op. cit.*, p. 56.

[4] *Op. cit.*, p. 48.

[5] *Op. cit.*, p. 93.

expression, l'auteur note que « la mère est en réalité le symbole de l'océan ou son remplaçant partiel, et non inversement [1] ». En conséquence, toute vie adulte et individualisée chercherait à sortir de cet état de séparation, à retourner réellement ou hallucinatoirement à son milieu d'origine, l'immense Océan, mère de tous les vivants.

Je doute fort que beaucoup de biologistes marquent de la sympathie envers ces considérations de *bioanalyse*. Quant aux psychanalystes, habitués aux constructions fantasmatiques de leurs patients, ils ne peuvent se défendre d'un sentiment d'admiration. Mais le danger est de prendre ces images pour la réalité. Les descriptions de Ferenczi reflètent bien la manière de voir de certains névrosés ou psychotiques. Mais elles expriment aussi une des plus magnifiques images signifiantes dont les hommes, soucieux d'échapper aux limites de l'instant présent, ont revêtu l'acte sexuel. Présenter la copulation comme un retour, partiellement réel et effectif, partiellement hallucinatoire, au sein maternel et à la vie intra-utérine, quelle manière plus solennelle de sacraliser cet acte biologique, de le dégager des limites du moment présent et de l'imperfection des désirs capricieux! Aucun psychanalyste ne m'en voudra, je crois, si j'avance que beaucoup de théories psychanalytiques, non contentes de refléter l'univers fantasmatique de l'inconscient, fournissent aussi à

[1] *Op. cit.*, p. 93.

l'humanité contemporaine de nouvelles et très prégnantes images signifiantes, nouveaux modèles sacrés, presque liturgiques, dont les hommes des générations futures se serviront sans doute pour exprimer à leur partenaire, en un langage métaphorique, leur ferme intention de donner à la relation souhaitée une allure primordiale, une valeur plus grande qu'aux actes quotidiens dominés par le calcul et la comparaison des pertes et profits.

c) Entre ces deux grandes images de la relation amoureuse et sexuelle, celle de la femme engendrée par l'homme et celle de l'homme retournant à son origine maternelle, il en est beaucoup d'autres qui ont fait fortune à telle ou telle époque. Dans notre monde Occidental, formé par la féodalité, puis par la monarchie absolue, celle du lien d'allégeance a prédominé : faire la cour, être l'esclave de l'homme ou de la femme, mourir pour l'être aimé, etc... Je ne m'y attarde pas, ces symboles étant bien connus. Je préfère marquer au passage une image signifiante actuelle. Je la trouve élaborée avec une netteté cruelle et scandaleuse dans un roman de Christiane Rochefort : *Le repos du guerrier*. Le lecteur honnête est heurté par cette histoire masochiste d'une jeune fille de bonne bourgeoisie qui devient la servile maîtresse d'un jeune ivrogne dont la seule activité est de faire l'amour, entre deux réveils, avec son hôte complaisante. Ce n'est certes pas là un exemple à proposer aux jeunes, pas plus que ne l'était, aux époques florissantes du romantisme, la folie ou la mort par amour-passion. Si nous faisons abstraction du pouvoir trop suggestif des œuvres nouvelles sur l'imagination des plus jeunes de la génération où elles naissent, de la hiérarchie esthétique et morale qui peut exister entre les différentes images signifiantes offertes au désir d'expression et de signification des êtres humains, il reste qu'un roman comme celui que nous citons donne du lien amoureux un symbole lourd de signification, emprunté au monde de la folie et de la perversion. Le masochiste ou le pervers est uni à l'objet de son amour par un déterminisme à ce point troublant qu'il en devient fascinant et qu'il peut servir à signifier le désir d'une pérennité dans le lien d'amour. A l'être humain, soucieux de donner à la relation qu'il promet plus de solidité qu'aux rapports quotidiens, de fournir à sa partenaire ou à son partenaire l'assurance d'un dévouement total pour le meilleur et pour le pire, il n'est jusqu'au lien le plus pathologique qui ne puisse servir d'emblème ou de métaphore.

Ainsi donc, la phase de la cour amoureuse est marquée par un échange ininterrompu de cadeaux et de paroles dont la caractéristique, pourrait-on dire, est l'hyperbole. Tout est forcé dans le sens d'un rituel destiné à apaiser l'autre par l'assurance qu'on lui donne le meilleur de soi-même et qu'à son égard on est dans des dispositions plus que transitoires, à portée définitive, comme est le lien entre l'enfant et sa mère, entre le chevalier et son suzerain, entre l'ivrogne et sa boisson. A ce str le d'évolution, les images expressives de l'inconscient se transforment en significations, c'est-à-dire en des signes donnant une garantie sur l'avenir.

Au lecteur que cette analyse du sens des préliminaires amoureux ne convaincrait point, je me permets de présenter en conclusion une observation clinique. Tel jeune homme, amoureux d'une jeune fille, se désole d'être incapable de lui offrir un cadeau ou de lui faire une déclaration. Terrible paralysie psychique qui est à l'origine de bien des tourments et d'actes désespérés, dont les gens à l'équilibre solide et naturel peuvent difficilement se faire une idée. Le clinicien superficiel se l'expliquera en supposant que ce jeune homme craint le terme de cette relation, à savoir le rapport sexuel : trouvant celui-ci coupable en vertu de ses tendances perverses ou incestueuses, il doit l'empêcher et pour cela, éviter la cour amoureuse qui ne manquerait pas de l'y conduire. Cette analyse est trop finaliste. Elle met sur le compte d'anticipations hypothétiques une inhibition qui doit s'expliquer plus profondément, moins cérébralement, par des conflits inhérents à la situation actuelle et présente. En effet, à l'analyse, il se révèle que ce jeune homme navigue en pleine ambivalence à l'égard de la femme : il subit son attraction fascinante, mais se gonfle d'hostilité envers elle, à la moindre réticence de sa part. Ainsi déchiré entre le désir et la haine, il n'ose rien exprimer. En outre, et c'est là l'endroit exact du blocage, il verrait dans les gestes rituels de la cour amoureuse, une grave hypocrisie, qui serait vite démasquée par celle à qui ils devraient s'adresser. Il n'est pas lui-même assez apaisé, dans son for intérieur, pour être en état d'avoir ces conduites et ces paroles qui garantiraient à l'autre un dévouement durable. Bien plus, il tient encore trop à son hostilité pour accepter d'accomplir avec l'autre les rites de la pacification. Il est dans la situation d'un pécheur qui continuerait à aimer ses fautes et fuirait toute liturgie purificatrice et apaisante sous le prétexte qu'y participer serait de l'hypocrisie.

L'être humain dont l'agressivité première s'est progressivement décantée et qui ose la reconnaître telle qu'elle se manifeste encore épisodiquement, sans en être effrayé ni blessé dans son amour-propre, celui-là se résoudra facilement à l'hyperbole amoureuse. Il utilisera cadeaux rituels et paroles consacrées pour apaiser chez l'autre et en lui-même ce qui leur reste de crainte et d'hostilité. Même si les deux amoureux prévoient que l'avenir incertain leur apportera encore des occasions de conflit et d'opposition sentimentale, ils ont assez de confiance en eux-mêmes et dans les moyens rituels de la pacification pour ne pas reculer devant un abandon plus ou moins définitif

# CHAPITRE SEPTIÈME

# LA CONSOMMATION DE L'ACTE SEXUEL

Deux êtres humains, d'abord hostiles, puis craintifs et timides, enfin confiants l'un envers l'autre, en arrivent ainsi aux préliminaires immédiats du rapport sexuel, ce qu'en termes poétiques ou légers la tradition appelle les préludes ou les jeux de l'amour.

A leur sujet, les êtres qui n'ont pas encore l'expérience de la sexualité sont inquiets de savoir s'ils pourront « s'y prendre », être à la hauteur de la tâche. Appréhension doublement étonnante : d'abord qu'y a-t-il de compliqué dans un baiser ou une caresse ? Ensuite, pourquoi supposer du mépris ou de l'impatience chez celle dont on s'approche avec la timidité du novice ? Nous verrons plus loin la raison profonde de cette appréhension. Pour le moment, observons ce que font les amoureux incertains de leurs possibilités. Il n'est pas rare de les voir parcourir à la hâte des ouvrages sur les techniques de l'amour. De ces livres, il en paraît à chaque époque. Les uns sont grossiers, d'autres discrets. Ils vont de l'ouvrage pornographique où tout est suggéré pour provoquer chez le lecteur impuissant une excitation immédiate jusqu'à celui qui se place sur le plan scientifique ou soi-disant tel. Mais tous, y compris les meilleurs, sont gâtés par une présupposition implicite ou explicite : l'amour physique ne serait qu'une affaire d'habileté technique. C'est méconnaître on ne peut plus le sens des actes préliminaires.

Certes, d'un point de vue technique, il est bon que l'homme sache que la jeune femme en arrive plus lentement que lui à l'état d'excitation qui conduit à l'orgasme, qu'il y a sur son corps et sur celui de sa partenaire un certain nombre de zones plus excitables, que les positions de l'un avec l'autre peuvent varier et apporter un renouvellement du plaisir. Mais il faut qu'on sache aussi que rarement, les individus atteints d'impuissance, d'éjaculation précoce ou de frigidité ignorent quoi que ce soit de ces techniques. En règle générale, ils les connaissent mieux que quiconque. Ce qui est bien la preuve que le déficit est moins dans les aptitudes que dans les dispositions. Tel couple relativement heureux ou satisfait pendant des années n'arrive plus soudain à un bon rapport sexuel : la femme reste insensible, l'homme jouit trop vite. Dirons-nous que dans ce couple, il s'est passé un oubli des techniques, un désapprentissage? La chose est peu vraisemblable. En réalité, l'analyse révèle que chez l'un ou l'autre des deux partenaires, les dispositions sentimentales ont changé, sous l'influence par exemple d'une aventure marginale, qui bloque ou fausse des mécanismes autrefois faciles. Tel est le genre d'infortune qui survient à un grand nombre de couples d'un certain âge. Ils ont moins désappris à caresser qu'à aimer. Donnez à une personne âgée une partenaire plus jeune et ses aptitudes reviendront sur le champ. Si beaucoup d'individus font de l'amour une affaire de technique, c'est souvent pour éviter d'en faire une question affective, plus difficile à résoudre.

## I.

Il faut s'entendre sur le verbe aimer. Bien des couples dont l'entente est bonne, chaque partenaire se montrant généreux envers l'autre, répondraient par un rire narquois et amer à qui prétendrait qu'il suffit de s'aimer pour s'entendre sexuellement; ils allégueraient leur propre échec, leurs vains efforts, patiemment répétés, en vue d'aboutir à une jouissance commune. A cette objection, qui est sérieuse et mérite d'être méditée par les auteurs pieux qui écrivent sur la sexualité et l'amour, il faut répondre que l'amour n'est pas non plus une recette ou une technique. Le succès du rapprochement sexuel, toute mon analyse tend à le montrer, n'est pas une chose qui ne dépende que d'un simple amour célébral et volontaire ou d'une simple flamme amoureuse. Il présuppose, au moins chez les humains, une longue évolution interne : la décantation des éléments pervers, l'expression purificatrice des conflits inconscients, la manifestation des émotions et des sentiments, l'utilisation des rites préparatoires. Quand on pose comme condition de possibilité des gestes libres du prélude amoureux une disposition globale que la tradition appelle l'amour, j'entends par là une orientation générale de l'organisme psycho-physiologique, une plasticité générale de la *psychè* : celle-ci doit être prompte à s'exprimer sans affectation, à se manifester sans fausse pudeur comme sans excès artificiel, dans un abandon progressif qui n'a rien de commun avec le libertinage, cette caricature forcée de la liberté sexuelle. Veut-on comprendre les conditions de l'entente physique, il faut distinguer l'amour comme sentiment et l'amour comme état-limite, jamais atteint définitivement, vers lequel s'approchent deux partenaires qui réussissent, sans coup de force, à liquider périodiquement la tension qui les oppose et ne cesse de les opposer, quoi qu'ils en pensent. L'amour-sentiment n'est qu'une des phases intermédiaires, à vrai dire indispensable, de l'évolution de deux êtres l'un vers l'autre. Il peut exister sans que le terme, cet état-limite d'indistinction, ne soit jamais atteint. Il peut exister avec des réticences profondes et inconscientes. Souvent même, il fait bon ménage avec le narcissisme. Si l'individu échoue à dépasser l'un et l'autre, il rencontrera des difficultés aux dernières étapes du chemin.

Pour ma part, j'ai été souvent surpris de l'insistance avec laquelle certains éminents spécialistes des questions sexuelles ont affirmé qu'en ce domaine, l'être humain ne peut plus se mentir à soi-même. C'est ainsi que Oswald Schwarz, l'un des plus grands et des plus fins psychologues de la sexualité, répète comme un refrain que « la sexualité est la seule fonction incapable de mentir » [1]. Il entend signifier par là qu'à la différence des autres secteurs de notre vie, où il nous est toujours possible de remédier à des insuffisances, de camoufler des lacunes ou de jouer une comédie plus ou moins réussie, la relation sexuelle révèle sans ambiguïté un être humain à l'autre. A ce degré d'intimité, plus aucun masque ne tient. Étonné de ces affirmations souvent péremptoires, mais confirmées chaque jour par l'expérience clinique, je me suis mis à chercher la raison du fait. L'ensemble des pages qui précèdent est le résultat de ma recherche : s'il est impossible à deux êtres qui s'embrassent d'arriver à une satisfaction sexuelle complète, qui ne laisse aucun regret ni remords, sans qu'ils ne soient portés par un amour sincère l'un vers l'autre, c'est que le corps humain, comme un instrument d'une perfection extrême, est sensible à la moindre tendance latente, aux moindres secousses inconscientes, aux émotions les plus furtives comme aux réticences psychiques les plus inexprimables.

[1] O. SCHWARZ, *Psychologie sexuelle*, Traduction française, de Fr. Duyckaerts, Paris, P.U.F., 1952, p. 8.

Faut-il en conclure que seul l'individu qui a pu se purifier de tout élément agressif au point d'éprouver un amour parfait, de type angélique, soit capable d'une jouissance totale? Ce serait tomber dans une hérésie nouvelle, apparentée à celle des Cathares. Ceux-là rejetaient tout amour physique parce qu'il y subsistait toujours selon eux, dans les meilleures conditions, des éléments mauvais, un relent de péché qu'il ne serait possible d'éviter qu'en s'élevant à l'amour pur et spirituel. Aujourd'hui pourrait être qualifiée de cathare toute psychologie sexuelle qui exigerait, pour le succès de l'acte sexuel, la disparition complète de toute l'hostilité entre les sexes ou l'éclosion d'un amour spirituel, entièrement homogène. Certaines phrases de Schwarz, si on les prend trop à la lettre, me semblent pencher du côté de ce manichéisme d'un genre moderne.

En vérité, ce que demande comme préparation psychologique et pour son meilleur épanouissement l'acte sexuel humain, c'est le remplacement de l'agressivité réelle par une agressivité gratuite et inoffensive, c'est le jeu, exécuté avec liberté intérieure, de la victoire de l'amour sur l'hostilité. Nous avons déjà vu comment l'imagination et les facultés d'expression de l'homme s'y prenaient pour enlever aux éléments pervers, égoïstes et hostiles de la sexualité primitive leur caractère dangereux. Or, c'est jusque dans l'intimité des rapports que doit pénétrer cette expression libre et innocente des conflits inhérents à la sexualité. Si des rapports échouent, c'est qu'un des éléments pervers de la sexualité primitive demeure trop intense, trop sérieux pour pouvoir s'exprimer sur un plan ludique. Ce que l'individu apporte et doit apporter dans le secret de la chambre, ce n'est pas une âme lavée de toute trace d'égoïsme, ni un esprit exclusivement centré sur le partenaire, c'est tout son être, avec le cortège de ses peurs et ses craintes, de ses exigences et de ses attirances, de son avidité et de son dévouement, c'est son organisme complet, avec une sereine tension pour utiliser tous les matériaux psychiques. Non, ce n'est pas un hasard qui a fait que l'antiquité ait présenté l'amour sous les traits de l'enfant Cupidon et ait armé celui-ci de fléchettes, symboles d'une guerre inoffensive et excitante, ni que la plupart des langues aient parlé des préliminaires de l'amour comme d'un jeu où toutes les tendances de l'être s'expriment librement, sans danger réel, pour les besoins de la stimulation mutuelle. Exiger la présence de l'amour dans les rapports sexuels qu'on désire entièrement satisfaisants, c'est en exclure toute agressivité *sérieuse*, mais non ces formes subtiles du jeu où l'agressivité se retourne en son contraire : en stimulation amoureuse. Dès que le corps manifeste une tendance hostile sur le mode sérieux, c'en est fait de l'abandon qui se préparait. La seule issue alors est un rapport sado-masochiste. C'est pour l'éviter que certains se refusent au jeu de l'amour, retournant à leurs travaux d'élaboration intérieure pour diminuer l'intensité de leurs émois agressifs, pour les amenuiser et leur donner cette légèreté qui, au lieu d'en faire des obstacles à l'amour, en constituera des facteurs de stimulation.

Il est inutile d'étayer cette interprétation des jeux préliminaires sur des descriptions concrètes. Tout lecteur aura compris à demi-mots mes allusions aux détails de l'étreinte amoureuse : mordillements, baisers, violence contrôlée des enlacements, attaques verbales qui font rire, mimiques variées qui simulent l'effroi ou la souffrance et ainsi de suite. Ce n'est pas que je considère ce sujet comme défendu par un tabou. Mais il est difficile à traiter. Il touche à ce qu'il y a de plus intime, de plus inévitablement puéril dans l'aventure sexuelle. En parler longuement et dans le détail serait une forme détournée d'exhibitionnisme ou de voyeurisme. A mesure que nous approchons du dénouement de la tension sexuelle, le langage doit renoncer à son office d'éclaircissement par voie directe. Il doit disparaître, comme tel est le cas chez tous les partenaires qui atteignent le point où ils se dépouillent de leurs visions intérieures, de leurs anticipations imaginaires, de leurs déclarations emphatiques pour laisser parler leur corps.

Normalement, personne n'assiste et ne doit assister en spectateur à la scène. Il n'y a que les voyeurs qui essayent de la regarder par le trou de la serrure. Il y a aussi des enfants qui, gardés trop longtemps dans la chambre conjugale, hélas souvent à cause de l'exiguïté du logement familial, sont les témoins de cet enlacement étrange pour leur âge. Si l'enfant n'assiste pas aux jeux sexuels de ses parents, il voudrait pourtant, non sans remords, arriver à les imaginer. C'est la fascination de ce que Freud a appelé la *scène primitive*. Il suppose que le jeune enfant l'interprète en termes de violence, comme si les partenaires se battaient à mort. Si je rappelle ici cette théorie freudienne, c'est qu'elle illustre bien un aspect réel des jeux préliminaires. Oui, ceux-ci comportent des éléments de violence retenue et maîtrisée et il n'est pas surprenant que les témoins déplacés et inexpérimentés de la scène y voient comme une lutte du plus fort, le père, avec la plus faible, la mère. L'interprétation infantile des rapports sexuels, dont nous trouvons un équivalent dans l'effroi de beaucoup de gens devant la copulation de leurs chiens ou de leurs chats, a un fondement dans la réalité : les partenaires se livrent à une lutte amoureuse. Le caractère délirant de l'interprétation consiste à prendre au sérieux cette lutte, qui n'est, en fait, qu'une espèce de fiction destinée à faire monter le taux de l'émotion et de l'excitation.

Voilà bien le retournement le plus complet de la situation initiale dont est partie notre analyse au début de ce livre. Que le lecteur se rappelle les dispositions de l'individu se trouvant sous le coup d'une excitation érotique barrée par les défenses extérieures : sa sexualité était alors pénétrée d'une agressivité sérieuse et possessive; elle était entraînée par elle et se trouvait sous sa subordination. La perversion en était la preuve la plus manifeste : les tendances à l'attaque, au combat, à la destruction réciproque entraient comme éléments dominants dans la tension provoquée par les stimulants érotiques. Au terme du développement, le rapport de subordination se trouve complètement inversé : les tendances agressives, sans disparaître complètement de la scène, sont devenues secondaires et subordonnées; maîtrisées et contrôlées, elles sont à la disposition des partenaires qui en usent juste ce qu'il faut pour obtenir la tension idéale de leur corps, sans que celle-ci ne se transforme jamais en souffrance.

Le retournement est si complet qu'à parler en rigueur de termes il ne faudrait plus se servir du mot agressivité. En tout cas, la musculature (dans les mouvements de la bouche, des mains, des bras et des jambes, du tronc) de chaque partenaire ne vise plus à aucune destruction. Il lui arrive encore aux débuts des préliminaires de la simuler, mais ce n'est que dans un but d'augmentation de la tension organique du partenaire. Peu à peu d'ailleurs, l'image de l'attaque ou de la possession disparaît complètement pour faire place à des mouvements doucement rythmés n'ayant plus qu'une seule fin : augmenter la tension de l'organisme, d'abord dans les organes périphériques du corps, puis dans les parties de plus en plus proches de l'appareil sexuel. C'est ici, plutôt qu'au début des analyses de la vie sexuelle, qu'il faudrait généralement procéder à la description de la musculature striée et lisse qui doit intervenir, dans la copulation, au niveau des organes de la procréation. On verrait que les caresses mutuelles, commençant par les endroits les plus profanes du corps, les plus éloignés des centres sexuels, ont pour effet de créer une tension générale qui progresse lentement vers le voisinage de l'appareil génital.

## 2.

Dans les préliminaires, la caresse joue un rôle prédominant. De toutes les conduites humaines, elle est l'une des plus spécifiques. D'abord, elle se fait à l'aide de cette partie du corps, la main, qui a acquis chez l'homme une mobilité exceptionnelle, une valeur instrumentale dont on ne voit qu'une faible anticipation chez les singes anthropoïdes. La main de l'être humain peut se promener sur toutes les parties d'un corps étranger et s'adapter à ses formes diverses. C'est en elle que se concentrent les ressources gestuelles de l'organisme. Ensuite, il est manifeste que dans la caresse perce, à son niveau le plus intime et le plus concret, le respect de l'autre : la main, cet instrument habituellement utilisé à des fins d'asservissement et de contrainte, y devient un instrument d'amour, infiniment inventif, au service des demandes érotiques d'un corps différent du nôtre. En elle-même, sans même l'intervention de l'esprit ou de l'imagination, la caresse est une véritable conduite d'identification à autrui. Une partie du corps propre prend plaisir à amener dans un autre corps une satisfaction intense, que des êtres vivants soumis à leur seul égoïsme ne viseraient à installer que dans leur corps individuel. Aussi, donner sa main à quelqu'un, ce n'est pas seulement s'offrir en allégeance symbolique à son pouvoir et à ses liens, c'est en plus signifier qu'on met la partie plus mobile et la plus naturellement dominatrice de son corps au service de celui du partenaire.

La plus belle anticipation de la caresse, on la trouve dans la conduite maternelle. La mère apaise son enfant en lui caressant les cheveux, en lui tenant doucement la main, en le berçant dans ses bras. Il y a là une identification profonde, instinctive, à la douleur et au bien-être de cet organisme issu du sien. La mère sent les malaises de son enfant comme s'ils étaient localisés dans son corps à elle. Identification biologique qui est intense au moment de la naissance et s'estompe à mesure que l'enfant grandit et menace de devenir, à la faveur des gestes maternels, un partenaire sexuel. La caresse amoureuse va plus loin que les gestes maternels. Elle n'est pas le simple résultat d'une identification au comportement de la mère. Si elle n'était que cela, si l'individu, en caressant et en se laissant caresser, vivait la relation sur le mode de la relation primitive mère-enfant, les gestes amoureux risqueraient d'être maladroits, inhibés, comme sous-tendus par la crainte d'une sorte d'acte incestueux. S'il est vrai, comme l'affirme maint auteur, qu'il a fallu aux hommes des siècles pour qu'ils se décidassent à se comporter avec leurs femmes et leurs maîtresses en êtres tendres et caressants, c'est qu'ils assimilaient à tort, mais non sans raisons subjectives facilement compréhensibles, la caresse maternelle, à but apaisant, et les caresses qu'ils pouvaient donner à la femme ou en recevoir. Tant que cette assimilation était faite, il ne pouvait y avoir qu'une longue hésitation entre les partenaires. Mais à partir du moment où les situations sont distinguées et que la femme est prise pour ce qu'elle est, une conjointe et une partenaire, égale à soi dans la destinée des corps, alors la caresse maternelle peut aller au-delà d'elle-même et devenir une caresse amoureuse : non seulement un geste d'apaisement de la douleur ou du malaise d'autrui, mais la production systématique — le système de l'amour — d'une tension agréable dans le corps de la personne conjointe à notre destinée.

En l'occurrence, il ne s'agira donc pas uniquement d'une identification à la douleur et au bien-être d'un organisme séparé de nous, mais d'une identification à l'une de ses tensions vitales les plus agréables. Les deux corps s'excitent mutuellement, dans une résonance qui suppose plus qu'une simple juxtaposition et se fonde sur une liaison biologique que nous devons bien appeler une identification, au niveau des corps, d'un organisme l'un à l'autre. Le lecteur comprendra maintenant, je l'espère, tout ce que je mettais dans cette expression que je n'ai pas hésité à employer à plusieurs reprises : la bienveillance réciproque des corps.

On comprendra aussi que des individus dont le corps reste tendu et fermé aux impulsions du désir, arrivent avec peine à la jouissance finale. Dans ce cas, s'il y a érection ou éjaculation, c'est contre le gré de l'intéressé, sans participation libre de l'organisme. Wilhelm Reich, dont les ouvrages contiennent un mélange de vues géniales et délirantes, s'efforçait, raconte-t-on, de rendre à ses patients impuissants, frigides ou névrotiques des possibilités d'expression corporelle. Il leur réapprenait à se servir d'abord de tous les muscles du visage pour rire, se mettre en colère ou pleurer, puis progressivement des muscles du tronc et enfin des muscles pelviens, qui sont ceux qui doivent intervenir en ordre principal dans les rapports sexuels. Il y avait dans cette technique, si je la comprends bien, une vue juste du but à atteindre : donner une certaine plasticité à des corps, depuis des années raidis dans des attitudes défensives. Ce qu'il faut mettre en doute, c'est le moyen employé : comme s'il suffisait d'imposer à quelqu'un une certaine gymnastique pour supprimer une rigidité d'origine plus psychique que physique. Rendre à un corps sa plasticité naturelle et primitive n'est pas d'abord, me paraît-il, une affaire de technique, mais de transformation affective. Ne nous faisons pas d'illusion :

c'est un travail de longue haleine que celui de la redécouverte de la liberté sensorielle et musculaire. L'utilisation simple et naturelle du corps propre, en résonance avec un autre corps également disponible et libre, ne dépend pas d'un coup de volonté. Elle présuppose la dissolution, au moins chronique, des noyaux d'agressivité qui, sous les dures épreuves de la vie qui n'épargnent personne, se reconstituent sans cesse dans notre psychisme.

## 3.

Pourquoi les humains, au moins ceux qui n'ont pas renoncé pour des raisons nobles à une vie sexuelle normale, attachent-ils à son succès un si grand prix ? Serait-ce seulement à cause d'un simple goût pour une démangeaison passagère dans les organes de la procréation ? S'il en était ainsi, on ne verrait plus la raison de la tristesse qui subsiste chez la plupart après une masturbation ou après des rapports avec une prostituée. Est-ce faire trop d'honneur à l'homme et à la femme que de leur attribuer une connaissance, au moins vague et diffuse, de la signification profonde d'un acte sexuel pleinement réussi ? Je pense que le mécontentement de beaucoup d'individus au sujet de leur vie sexuelle a quelque chose d'émouvant et de grand. Leur recherche agitée, leurs comportements même immoraux sont souvent dictés par un rêve de paix. Ce qu'ils poursuivent par de nombreux errements, ce n'est pas, comme le pensent des moralistes acariâtres, le seul plaisir physique isolé, mais une paix avec autrui, impliquant une dissolution temporaire de leurs noyaux d'hostilité et s'exprimant dans la liberté de leurs deux corps, entièrement dévoués l'un à l'autre aux moments de détente. Tant qu'ils ne réussissent pas avec une personne entièrement consentante à trouver régulièrement cet état de paix corporel, le danger subsiste d'une inquiétude qui les rend vulnérables et sensibles à la moindre promesse, fallacieuse ou non, venant d'ailleurs.

En lisant ces lignes, qu'on ne m'accuse pas d'idéalisme. Je tomberais dans ce vice de l'esprit si je croyais possible un état de l'humanité où cette paix et cette liberté corporelles seraient permanentes, acquises une fois pour toutes. Je serais névrotiquement idéaliste si je prenais le désir le plus intime des hommes et des femmes — celui d'une durable réconciliation au niveau de l'esprit et du corps — pour une réalité ou pour un objectif aisément réalisable. Non, malgré ce qu'il m'en coûte, je ne souscrirais pas volontiers à ces pages lyriques de Norman O. Brown, dans un livre qui fit sensation il y a quelques années aux États-Unis [1], où il imagine, non sans y croire, une ère de l'humanité où les individus retrouveraient pour toujours la libre et joyeuse disposition de leur corps, où ils accepteraient enfin le polymorphisme pervers

[1] Norman O. BROWN, *Life against Death*, traduction française par R. Villoteau, sous le titre : *Eros et Thanatos*, Paris, Julliard, 1960.

de leur enfance dans une sorte de résurrection des corps : « nous nous sommes efforcés de tirer de la théorie psychanalytique une image de ce que serait le corps ressuscité; l'instinct de vie, ou instinct sexuel, exige une certaine sorte d'activité qui, par contraste avec notre mode courant d'activité, ne peut être appelée qu'activité de jeu. L'instinct de vie exige également l'union avec autrui et avec le monde qui nous entoure, union basée non sur l'angoisse et l'agression, mais sur le narcissisme et l'exubérance érotique... En même temps — et sur ce point... la théorie chrétienne est d'accord avec la psychanalyse — le corps ressuscité est le corps transfiguré. La suppression du refoulement supprimerait du même coup les concentrations anormales de la libido dans certains organes physiques particuliers, concentrations engendrées par la négativité de l'instinct de mort morbide et constituant la base physique des troubles de caractère névrotiques du moi humain... Le corps humain deviendrait ainsi pervers et polymorphe, prenant plaisir à cette vie ardente de tout le corps qu'il redoute actuellement [1] ». Ce sont là des paroles ambiguës, ni tout à fait vraies, ni tout à fait fausses et qui sentent le gnosticisme. Elles indiquent en effet une conversion générale de l'humanité passant d'un ascétisme extrême, nous dirions aujourd'hui d'une civilisation dominée par le refoulement, à un amoralisme total, à une

[1] *Op. cit.*, pp. 367-368.

civilisation dionysiaque où « les sens physiques
humains seraient affranchis du sentiment de possession », où « l'humanité des sens et la jouissance
humaine des sens seraient réalisées pour la première
fois » [1]. Ces vastes anticipations nous plongent en
plein prophétisme. Se basant sur une compréhension
exacte et pénétrante de la victoire sur l'agressivité
que constitue tout rapport charnel réussi, elles
modèlent sur celui-ci toutes les activités humaines.
Elles imaginent une science, une économie politique,
une société tout entière pénétrées par la vertu
vivifiante de l'Eros, d'un Eros assumé sans crainte
et purifié de tout instinct de domination. Mes
considérations, dans le présent livre, sont plus limitées.
Sans doute, un rapport sexuel où deux partenaires
arrivent, par-delà leurs tendances perverses, leur
narcissisme et leurs craintes, à trouver pour un
moment la liberté de cette partie du corps constitu-
tionnellement dirigée sur la partie complémentaire
d'un autre corps, ce rapport sexuel, dis-je, est un
symbole, une image anticipatrice d'une société qui
réussirait à vaincre l'instinct de mort et toutes ses
productions : la méfiance, la jalousie, l'envie, l'ambition
et l'orgueil. Mais les rapports politiques et économiques
des hommes entre eux ont leurs lois et leurs nécessités
propres, irréductibles aux problèmes de la sexualité.
Il n'y a, entre ces différents secteurs, les uns relevant

[1] *Op. cit.*, p. 380.

du cerveau et de la lutte pour la vie, les autres des organes de la procréation et de l'érotisme, qu'une relation d'analogie. Les faux prophètes de l'humanité obtiennent leur succès en la transformant en une relation de simple similitude ou même d'identité.

Le psychanalyste ou le psychologue de la sexualité se limite au domaine particulier de son investigation. Mais, à ce point de vue aussi, les conclusions généreuses et séduisantes de Brown ont quelque chose de fallacieux. Elles laissent supposer que l'instinct sexuel puisse vaincre définitivement l'instinct de mort, l'abandonnant comme une dépouille vétuste datant des âges de fer et de bronze où il aurait régné en seul maître. Comme il est difficile aux esprits les plus pénétrants de renoncer à la nostalgie d'un âge d'or !

Sans tomber dans le prophétisme, je me contente de constater ce que signifie, pour un homme et une femme, l'accomplissement satisfaisant d'un rapport sexuel. Ce n'est pas uniquement quelque chose comme l'assouvissement d'une faim organique. Il est irritant de trouver jusque dans les meilleurs ouvrages sur la sexualité cette comparaison en apparence éclairante et naturelle avec l'appétit alimentaire. Des individus qui s'accouplent comme ils mangent ne sont certes pas des modèles de bonheur. Assimiler le rapport sexuel à l'assouvissement de la faim, ce n'est pas faire preuve de réalisme ni de liberté authentique, c'est le signe, la plupart du temps, soit d'une méconnaissance de tous les facteurs variés qui doivent entrer, l'être humain étant ce qu'il est, dans ce rapport d'individu à individu qui constitue l'acte sexuel, soit d'une fuite inavouée devant l'incapacité affective où l'on se trouve de réaliser les conditions spécifiques d'une saine sexualité. La comparaison avec la faim étant écartée, il reste la signification biologique mise en avant par les premiers écrits psychanalytiques : il s'agirait simplement d'un état de tension suivi d'une détente agréable. C'est voir les choses du plus petit côté de la lunette, du côté physiologique, sans compter que, ce qui intriguait Freud lui-même, l'état de tension a de soi quelque chose d'agréable et de satisfaisant. La vraie signification comporte bien entendu ces éléments musculaires et énergétiques, mais elle les dépasse, étant donné que le propre de l'instinct sexuel est de faire intervenir deux individus. Deux individus qui commencent par se méfier l'un de l'autre, se rapprochent, s'apaisent et finalement osent se livrer à leur corps respectif, dans une identification réciproque.

L'orgasme, terme individuel de l'évolution sexuelle, est la détente extrême à laquelle aboutit une tension aussi extrême des organes de la procréation. Du point de vue psychologique et subjectif, c'est une satisfaction dont l'effet se diffuse dans tout l'organisme. *Post coïtum, animal triste*, dit pourtant le naturaliste repris par les moralistes. Si l'expression s'applique à des individus qui viennent de consommer l'acte, c'est que toutes les réticences internes n'étaient pas tombées, que les corps n'étaient pas arrivés à une liberté totale, certaines parties de l'organisme et du psychisme s'étant refusées à l'orientation érotique. Prétendre cela, n'est-ce pas décourager la foule des êtres qui connaissent encore la fameuse tristesse? Peut-être, mais c'est aussi les inviter à ne pas se contenter de solutions moyennes et leur ouvrir les yeux sur les vraies raisons du manque de succès complet : la persistance d'une rigidité psychique, d'un attachement immodéré à leurs ressentiments, à leurs craintes et à leur haine du corps. C'est aussi les encourager à un amour progressif, par-delà les oppositions inévitables de l'existence et jusque dans leur corps prétendûment le plus inférieur.

Pour l'accomplissement d'un acte sexuel, comme de tout acte instinctif, la langue allemande possède un substantif magnifique : *Befriedigung*. Apaisement, pacification, ces termes témoignent d'une appréhension aiguë, aujourd'hui perdue, du sens de cet acte que nous nous contentons aujourd'hui, pour être scientifiques, de qualifier d'instinctif. Mais par ce dernier terme, nous n'insistons que sur l'origine irrépressible de l'évolution sexuelle, sur son caractère relativement contraignant, qui fait que nous sommes poussés vers autrui par une force indépendante de notre volonté délibérée. Le nom de *Befriedigung* se rapporte davantage au terme du développement sexuel : la consommation de la paix avec une personne du sexe opposé. Il implique aussi que cet instant de joie et de réconciliation fut précédé d'hostilités de toute espèce, graduellement vaincues et surpassées. Enfin, à tous les utopistes qui rêvent d'une paix définitivement conquise, en esprit et en chair, il dit indirectement, rien que par sa nature active — *Befriedigung* — qu'il ne s'agit que d'un processus de pacification, sur un plan limité, jamais achevé et se réalisant dans des instants privilégiés, lesquels ne sont jamais une garantie infaillible pour l'avenir de l'union, ce qu'il nous reste à voir dans nos conclusions.

# CHAPITRE HUITIÈME

# LE LIEN SEXUEL
# ET LE LIEN PSYCHOLOGIQUE

L'image du *lien* mérite un dernier effort d'attention. Je l'ai mise dans le titre, sans craindre les ambiguïtés qu'elle contient. Il est facile, après toute l'évolution psychique que nous avons parcourue, d'y distinguer plusieurs niveaux de signification. En vertu des « dramatisations » propres à la vie fantasmatique et imaginaire dont il a été parlé au chapitre des conflits intérieurs, le lien sexuel commence par évoquer la perte de la liberté de mouvements : deux individus qui se lient donnent l'apparence de s'aliéner, chacun se faisant l'esclave de l'autre ou craignant de le devenir. Selon l'expression populaire, se livrer à un homme ou à une femme, c'est se mettre la chaîne à son cou. Relèvent de ce niveau de signification les nombreuses légendes mythologiques sur les liens : dieux lieurs ou liés, Prométhée enchaîné, le pouvoir des liens, etc... On y lit la peur ancestrale de l'esclavage. Et c'est elle, avec son cortège d'images effrayantes, qui écarte d'une relation sexuelle suivie ou officiellement reconnue, un certain nombre d'individus qui se font de la liberté une image paradisiaque. Ce qu'ils craignent, c'est d'être liés définitivement, comme s'il n'y avait aucune différence entre le sort d'un esclave et celui d'un partenaire sexuel. Il est bien vrai que des rapports sexuels, même réussis, ne suffisent pas toujours à créer une union psychologique entre deux partenaires. Ce n'est pas que le désir de celle-ci n'existe point. Mais en même temps que lui et en sens inverse agit l'image terrifiante de l'esclavage, laquelle est sous-tendue par une autre, non moins effrayante : celle d'un autrui dangereux et dominateur, qui ne se donne que pour mieux prendre et mieux assurer sa tyrannie. Avec ce système d'images, nous nous trouvons au centre de ce que nous avons appelé les conflits intérieurs et au niveau d'une sexualité encore pénétrée de crainte et d'hostilité réciproques.

A un niveau supérieur, l'image du lien exprime l'intention déclarée, chez un partenaire, d'être fidèle par-delà les caprices du désir, pour le meilleur et pour le pire. La bague de fiançailles, l'anneau de mariage sont des symboles qui se situent à ce niveau. Le *lien* est ici, à proprement parler, une de ces grandes images signifiantes dont les individus humains, depuis des temps immémoriaux, se sont servis pour se jurer aide et assistance mutuelles, pour se donner une caution sur l'avenir. Les liturgies du mariage sont remplies de ces images signifiantes, qui sont plus, il est vrai, à la mesure des intentions des individus que de leurs possibilités psychologiques réelles. Dans l'histoire de toute relation sentimentale, on trouve la phase des cadeaux et des serments. Et ce ne sont pas quelques théories anarchistes qui arriveront à la supprimer. Il est dans la nature de la détresse humaine d'en arriver toujours, un moment donné, à demander à celui ou à celle dont on reçoit joie, plaisir ou leur promesse, un serment de fidélité. Il me paraît injuste de rejeter comme nécessairement hypocrites des engagements de ce genre. Ce serait enlever à l'aventure sentimentale un des éléments les plus précieux qu'elle appelle d'elle-même. Ce serait frustrer les êtres humains d'une « sacralisation » dont le besoin est peut-être aussi aigu en eux que celui de l'amour physique. En tout cas, l'état de tension qui existe entre les sexes cherche à se surpasser et dans cet effort pour vaincre l'hostilité, le serment est une des phases les plus importantes. Certes il demande une longue préparation psychologique et par ailleurs il n'est pas un aboutissement. Il est une solennelle entrée dans la vie commune, mais il ne constitue pas une garantie infaillible. Il n'est pas une chose magique qui fera automatiquement de la vie conjugale ce que les êtres qui s'y engagent voudraient qu'elle soit. Les anarchistes ont raison de rejeter les serments dont on attend un effet infaillible, auxquels on s'en remet passivement pour assurer la continuation de l'union et de l'amour. Rien de plus abject, n'est-il pas vrai, que le mari ou l'épouse qui s'appuie sur les serments d'un jour solennel pour affirmer un quelconque droit de propriété sur le corps du partenaire. La solennité des engagements ne peut être le signal d'aucun relâchement. L'objet une fois conquis et lié définitivement à nous, nous ne sommes pas dispensés pour autant des efforts de courtoisie et de pacification. Peut-être même est-il maladroit d'insister sur le caractère sacré des liens du mariage, sur les *devoirs* conjugaux, pour défendre aux époux des relations sexuelles marginales ? Il ne faut jamais abuser du sacré. Surtout ne faut-il pas le transformer en une obligation mythique ; le faire a toujours pour effet d'éveiller à son égard des sentiments d'effroi et d'hostilité. S'il est opportun de rappeler parfois à des époux les moments solennels de leur amour, ce doit être dans un esprit de bienveillance, avec un souci de renouvellement, pour leur remettre en mémoire qu'il y eut dans leur propre passé des déclarations qui étaient aussi vraies, peut-être même davantage que leurs conflits actuels. En tout cas, insister exclusivement sur le caractère obligatoire (dans ce mot se trouve l'image du lien) relève d'une espèce de ruse. Les intéressés pourront toujours rétorquer qu'ils n'avaient pas prévu la portée exacte de leur engagement réciproque et qu'on les a fait tomber dans un traquenard. Par contre, leur rappeler qu'il y eut dans leur histoire un moment où ils eurent assez de confiance et de dévouement réciproques pour se jurer fidélité, et cela en dépit de l'incertitude sur l'évolution de leurs sentiments et de leurs désirs, voilà qui est de nature à les remettre devant une des parties les meilleures de leur personnalité. C'est autre chose que de se servir du sacré en guise de contrainte. En d'autres mots encore, il faut que la solennité de la déclaration amoureuse ne soit que le premier des actes solennels et des déclarations qui jalonneront la vie commune. Cette solennité est à reprendre périodiquement, non seulement sous forme d'anniversaires commémoratifs, mais encore dans des déclarations nouvelles, également sacrées, qui clôturent par exemple des périodes de dissentiment. Non que personne ait le droit de jeter l'anathème sur ceux qui, à un moment donné, désespèrent et ne sont plus capables de renouveler, au-delà de leurs tensions, un serment de fidélité. Mais il est chez beaucoup d'êtres un désir de transformer le lien sacré de l'union en un vrai lien psychologique, de rendre la réalité conforme à la solennelle fiction de la cérémonie du mariage.

Ceci nous amène à la dernière signification du *lien*. Au-delà de l'image fantasmatique, au-delà de l'image signifiante, ce terme de lien peut évoquer, en effet, une réalité d'ordre sentimental et comportemental. On dit de deux êtres qu'ils sont étroitement liés quand leurs conduites se synchronisent sans trop de difficultés, au point que l'un ne peut plus se passer de l'autre.

A la ressemblance des rapports sexuels, la vie de l'un s'articule sur celle de l'autre. En termes concrets, ce lien se détaille en une masse de petits faits : chacun supporte pour le bien de l'autre les corvées de son travail; les moments d'oisiveté sont aussi des moments de plus grande intimité; les conflits surgissent encore, mais s'apaisent vite, non sans apporter la confirmation périodique d'une union sous-jacente, plus forte que les divergences momentanées; à travers les difficultés de la vie s'accroît un sentiment de stabilité et même de pérennité. Ce lien psychologique est encore bien ténu le jour de la déclaration solennelle, ou quand on aboutit enfin à des rapports sexuels. Il est l'œuvre d'une longue période de vie commune. Il n'a de véritable existence solide qu'après des années d'apprentissage réciproque. L'erreur d'un bon nombre de jeunes est de croire en sa solidité au moment où ils se déclarent leur amour. Quant à l'hypocrisie, ce vice pourchassé par nos philosophes et nos écrivains contemporains, il y en aurait si on s'engageait dans ce lien solennel, en prévoyant qu'on ne fera aucun effort pour le transformer en lien psychologique.

Dans l'effort pour tresser un lien psychologique, les rapports sexuels posent un problème aigu. Normalement, en vertu de lois aujourd'hui connues, il semble que l'individu, animal ou humain, s'attache étroitement à l'objet qui lui apporte des satisfactions. Or, nous savons que la satisfaction sexuelle est une des plus fortes qu'il soit donné d'éprouver. On pourrait donc escompter que, répétée avec une même personne, elle contribue pour une grande part à resserrer l'attachement. Or, la réalité dément tragiquement cette loi. Dans un certain nombre de couples tout au moins, il semble que la suite régulière des rapports sexuels ne produise aucun effet positif. Loin de favoriser le lien psychologique, elle paraît le détendre et l'exténuer. Ces dramatiques exceptions aux lois de renforcement des conduites doivent trouver une explication.

J'ai négligé en raison des strictes limites de cet ouvrage portant sur la destinée normale de la sexualité humaine les cas pathologiques des couples où l'un des partenaires ou les deux ne sont jamais arrivés, à cause d'inhibitions d'origine inconsciente, à une jouissance complète. Dans ces exemples, l'hostilité ne tarde pas à s'installer pour des raisons plausibles : le partenaire est éprouvé, à chaque essai, comme un rappel ou une cause de l'incapacité personnelle et il est naturel qu'on finisse par le détester ou par lui chercher un remplaçant plus habile en la matière. Bien des infidélités relèvent d'une impuissance ou d'une frigidité à la recherche d'excitants plus forts, dont on escompte un déblocage de l'inhibition. Mais la tentation extérieure existe aussi pour des couples dont la sexualité est normale, au moins à s'en tenir à la satisfaction physique dans l'instant de la conjonction. Que peut-il arriver chez ces derniers qui fasse que la tentation devienne dangereuse et que les années de vie commune, loin de rapprocher, désunissent petit à petit, sans heurt, jusqu'à une rupture qui se produise brusquement comme une irrémédiable crevasse ?

Il est une réponse courante : cette désunion est l'effet de l'habitude. Mais encore une fois, l'habitude de grandes satisfactions communes est plutôt de nature à resserrer le lien. Ce qui serait plus exact, ce serait d'en appeler à une habitude qui porte sur des actes se vidant progressivement de leur sens. Or tel semble être le destin de la vie sexuelle dans un certain nombre de couples : elle devient automatique. Tous les côtés dramatiques, expressifs et significatifs de la vie sexuelle spécifiquement humaine disparaissent ou sont négligés par une espèce de paresse qui se repose sur le fait qu'on a droit de propriété sur le partenaire. Un tel laisser-aller a pour effet de rendre l'acte sexuel aussi régulier, aussi physiologique que celui de manger. Et c'est au grand détriment de tous les besoins d'expression, de jeu, de séduction et de confirmation de soi-même qui habitent chaque être humain.

Nous avons vu que le développement d'une excitation érotique jusqu'à la consommation d'un acte sexuel avec un partenaire du sexe opposé était une évolution, intérieure et extérieure, marquée de nombreuses étapes dont les principales sont : apparition d'une certaine agressivité, agitation et débats intimes, expression des tendances contradictoires, séduction narcissique, soumission et dévouement à l'autre, rites de pacification réciproque. Si je me suis refusé à faire de chacune de ces phases évolutives la caractéristique propre à un âge déterminé, c'est que chacune d'elles n'est jamais dépassée définitivement et qu'elles doivent toutes intervenir, à un rythme plus ou moins accéléré, dans l'histoire de chaque action sexuelle. Certes l'adolescence et la jeunesse sont les âges où se développent avant tout les possibilités d'expression et de développement narcissiques. Certes aussi, l'âge mûr et la vieillesse sont plus apaisés et peuvent se dérouler dans une espèce de silence où on jouit l'un de l'autre sans mot dire, dans le souvenir des heures difficiles et agréables vécues ensemble. Mais s'il y a des dominantes psychologiques selon les âges, il reste que la dialectique de la vie sexuelle humaine est intérieure à celle-ci et permanente comme elle. Si on veut que l'acte sexuel soit davantage qu'un prurit que l'on s'offre par intervalles réguliers, qu'il soit le plus souvent possible une *Befriedigung*, une pacification au sens fort du terme, il doit se consommer dans une vie qui fasse leur place aux besoins d'expression, de séduction et de dévouement.

L'habitude des explications génétiques dans la science contemporaine nous fait parfois méconnaître, surtout en psychologie, l'aspect dynamique des comportements. La vie sexuelle, ce n'est pas seulement un ensemble ou une succession d'actes sexuels. C'est d'abord une vie, avec ce que cela comporte chez l'homme de fantasmatique, d'imagination, de conquête, de jeu et de victoire renouvelée sur les facteurs de dissension. Après quelques années d'existence commune, beaucoup de couples ont encore des rapports sexuels. Ils n'ont plus de *vie* sexuelle. Les partenaires ne connaissent plus ces jeux puérils où ils pourraient exprimer leurs conflits inconscients. Ils ne cherchent plus à se séduire. Ils auraient de la gêne à répéter des déclarations amoureuses. En un mot, ils ont oublié le grand jeu secret de l'amour.

Bien entendu, toutes les phases que nous avons décrites ne doivent pas se reproduire avant chaque rapport sexuel. Je demande au lecteur de ne pas m'attribuer une conception aussi ridicule. L'importance, le rythme, la durée de chaque phase doivent changer au gré des circonstances et de l'accoutumance de l'un à l'autre. Ce qui avait pris des mois avant l'établissement d'une relation sentimentale peut ne prendre que quelques instants, le temps d'une parole ou d'un geste, dans un couple formé. Mais c'est dans la mesure où la vie de celui-ci reste sensible aux émotions et aux sentiments, qu'elle connaîtra des actes sexuels donnant entière satisfaction.

N'oublions pas que la sexualité de chaque adulte reste ouverte à tous les stimulants érotiques de provenance étrangère. Aucun amour, si fort soit-il, n'est chose définitive, qui immunise contre tout influx nouveau. Le corps de l'être humain reste, en dépit de tous les serments et de toutes les satisfactions obtenues d'un partenaire, ouverture permanente au monde des autres personnes. A tous les couples qui désirent une permanence, il faut dire que cette ouverture subsiste et qu'aucun lien sur terre ne les rend insensibles à des influences perturbatrices. Pour empêcher cette ouverture, qui donne à l'aventure sentimentale sa fragilité, de dégénérer en libertinage ou en instabilité, il n'est qu'un moyen : faire entrer dans le couple toute l'intensité des sentiments que peut faire naître en nous le monde. Si par comparaison avec la liaison, le mariage a si mauvaise presse auprès des grands créateurs, c'est que l'humanité n'a peut-être jamais encore jusqu'à ce jour entrevu ni envisagé sérieusement la possibilité d'y introduire la richesse de la vie artistique et sentimentale. C'est pourtant à cette condition qu'il ne sera pas un carcan. Si deux êtres humains n'arrivent pas à renouveler entre eux le jeu permanent de la tension et de la détente, ils verront pourrir le lien qui commençait à les unir. Et alors, l'ouverture au monde sera synonyme de tentation permanente, contre laquelle les uns cesseront à la longue de lutter, les autres se défendront par un refoulement générateur de mauvaises dispositions.

Au contraire, qu'un couple reste vivant, qu'entre les partenaires s'établisse et se renouvelle, en grande liberté, un courant fait d'émotions et de sentiments de toute sorte, alors les actes sexuels apporteront une jouissance intense, non seulement dans le corps qui y réalisera une des plus importantes de ses fonctions, mais encore dans le psychisme pour qui ils seront une vraie détente, une pacification complète. Il n'est pas nécessaire qu'un très grand nombre d'actes sexuels réussissent parfaitement dans le courant d'une semaine ou d'un mois pour qu'un lien psychologique apparaisse et se renforce. Il suffit même que l'un d'eux soit particulièrement satisfaisant après une période de plus grande monotonie pour voir les deux partenaires s'attacher plus définitivement et devenir non pas insensibles aux stimulations extérieures, mais inaccessibles à leur fascination.

La consommation fréquente de l'acte sexuel entre des partenaires faits l'un à l'autre ne supprime pas tous les problèmes de la vie commune. Sa réussite ne signifie pas l'accomplissement du destin humain. Seul un obsédé y voit une réalisation ultime, une fin dernière. D'ailleurs, les morales qui donnent à l'acte sexuel et à sa fine fleur, l'amour, une valeur d'accomplissement total sont obligées de leur prêter des dimensions fantastiques qu'ils n'ont certes pas par eux-mêmes. Il est incontestable que l'acte sexuel est, dans les meilleurs cas, un moment de grande pacification. Il est l'expression sensible de la paix retrouvée, de la paix entre deux êtres que séparaient les conditions mêmes de l'individualité et une hostilité fondée sur les malentendus de l'existence. Mais le réveil est toujours dur. Après la transe et la crise extatiques, voilà les deux êtres qui reprennent leurs habitudes, leur rôle social, leur personnage, leur singularité. Moment critique dont le pessimiste s'empare pour jeter son discrédit sur le plaisir qui l'a précédé. La reprise par chacun de sa vie propre est inévitable. C'est dans ces moments de séparation relative que les stimulations érotiques de toute provenance reprennent leurs droits. Il est inutile d'invoquer une tendance polygamique ou polyandrique, un Don-juanisme pervers ou un désir d'infini pour rendre compte de l'insatisfaction qui ressaisit l'individu au terme de ses relations sexuelles les plus satisfaisantes. L'être humain n'est jamais accompli ou achevé. Il n'est jamais, seul ou avec un autre, complètement fermé aux influx extérieurs. La vie séparée se rétablissant, il ne cesse d'être soumis à des stimulations nouvelles. Cela est d'autant plus vrai que les tensions sexuelles ne dépendent plus exclusivement dans l'être humain d'une régulation hormonale. Ce n'est pas une liquidation régulière des tensions qui l'insensibilise aux formes et aux mouvements à valence érotique. L'imagination peut à elle seule susciter de nouveaux désirs, même après de bonnes relations sexuelles. Par les pouvoirs à double tranchant de la mémoire et de l'anticipation, la sensibilité érotique de l'homme et de la femme est plus permanente que celle de l'animal, moins soumise aux rythmes hormonaux. La conclusion, c'est que tout individu humain ressent, en le sachant ou en l'ignorant, un début d'excitation érotique à la vue de toute personne présentant quelque amorce sexuelle. Or, c'est surtout dans le cadre de leur vie séparée que l'homme et la femme reçoivent, chacun de leur côté, ces appels multiples et divers. L'amplification de l'émoi sexuel menace à chaque fois de se reproduire.

Quelle est alors la différence entre la personne volage, qui cède à chacune de ces excitations et reproduit avec chaque être séduisant de rencontre tous les actes du drame amoureux, et la personne fidèle à un amour ? La première est-elle plus libre, moins hypocrite que la seconde ? Est-ce une simple différence dans la profondeur des émotions ou des sentiments ? La fidélité est-elle seulement une affaire de refoulement, le résultat d'une interdiction volontaire ? Il n'est pas douteux qu'il faille pour rendre compte de ces comportements différents faire appel à un grand nombre de facteurs. Il revient à la psychologie dynamique de les déceler. Mais quelle que soit la part d'ignorance qui subsiste encore aujourd'hui, les observations cliniques faites jusqu'ici permettent d'affirmer que la distance entre Don Juan et l'être fidèle n'est pas aussi grande qu'aimeraient à le penser ceux qui n'arrivent à se défendre de leur goût prononcé pour le sexe opposé que par les techniques élémentaires du refoulement et de la négation. Ensuite, les différences relatives qui existent, il semble qu'il ne faille pas les attribuer d'emblée aux seuls facteurs conscients et volontaires.

En tout cas, la personne fidèle ne diffère pas de Don Juan par une insensibilité plus grande aux stimulants variés qui les assaillent de toute part, vu que l'humanité abonde en êtres séduisants. Elle ne subit pas moins intensément que lui les émois qu'éveille en elle le côté attrayant des personnes qu'elle rencontre. Toute la chaîne de ces réactions intimes dont le propre est d'être aveugles et de ne pas se lier définitivement à un individu particulier à l'exclusion de tous les autres, est là qui cherche à se dérouler jusqu'à son aboutissement, la consommation de l'acte. Et c'est ici, me paraît-il, que se manifeste la différence. Don Juan est impatient et n'arrive pas à détacher l'ensemble de ses émois de la personne précise qui vient à l'instant de les provoquer. La personne fidèle garde ses émois en réserve, empêche qu'ils ne se cristallisent sur la personne de rencontre. Ses réserves affectives, dont l'origine est sans doute l'expérience diffuse, impersonnelle, au niveau de la sensibilité élémentaire, de toutes les séductions du monde, elle les garde pour l'être de son choix, pour cet être avec qui elle réussit, au moins périodiquement, des moments de grande pacification physique et mentale.

S'il lui est possible de garder ainsi en réserve la richesse potentielle de ses émois, c'est en considération des biens qu'elle a déjà retirés et compte encore retirer de la vie commune, non seulement au point de vue de sa vie sexuelle, mais encore de l'aménagement général de son existence. Ici, je ne défends pas une thèse utilitaire, mais j'observe ce qui se passe. A première vue, tel partenaire d'un couple solidement établi semble se livrer à une espèce de comparaison entre ce qu'il possède et ne cesse de trouver en fait de satisfactions dans la vie pacifique avec son partenaire, et les satisfactions passagères et incertaines qu'il pourrait tirer d'une aventure en marge de sa vie régulière. Mais au-delà de ce calcul dont l'autre partenaire serait en droit de s'offusquer, il y a comme une connaissance implicite du prix exceptionnel que représente une réussite sexuelle. Il ne faut pas prendre les individus pour plus généreux qu'ils ne sont, mais non davantage pour moins intelligents. La consommation, au niveau du corps, de la paix avec une partenaire attrayante est une expérience dont les bénéficiaires sont les premiers à apprécier, indépendamment des principes, la valeur et à vouloir sauvegarder, au prix de quelques renoncements, la répétition dans l'avenir. Pourquoi une partenaire qui obtient des satisfactions sexuelles s'offense-t-elle de voir son partenaire chercher encore des satisfactions ailleurs, sinon parce qu'elle y voit le signe qu'une chose plus fondamentale est compromise : l'entente mentale et physique. Généralement et dans les conditions ordinaires de la vie, un couple dont les partenaires trouvent, à intervalles réguliers, le moyen de surpasser leur séparation dans un rapport sexuel satisfaisant, est assez solide pour ne pas succomber aux séductions de l'extérieur. Si l'un des deux continue à être fasciné par celles-ci, c'est que l'entente n'est pas complète et qu'il y a une part d'échec dans le couple, ce qui est source de mécontentement diffus.

Certes, dans la fidélité il y a un grand nombre de nuances et de degrés. D'aucuns restent unis parce qu'ils ont peu de sensibilité sexuelle. D'autres tiennent ferme en vertu d'une obligation morale dont le respect leur paraît plus important que l'entente physique. D'autres encore gardent une façade aux yeux des autres et d'eux-mêmes, mais leur imagination ne cesse d'être infidèle. Certains veulent, et à bon droit, sauvegarder une cellule familiale dont ils connaissent l'importance pour l'éducation des enfants issus de leur vie sexuelle, et sont prêts à renoncer pour ce motif à de nouvelles satisfactions physiques, dans le cas où ils n'éprouvent plus d'attirance mutuelle. Ainsi, les motifs de fidélité sont nombreux et s'étalent depuis les plus bas jusqu'aux plus nobles. Ce que je veux souligner au terme de cette longue analyse de l'évolution sexuelle, c'est qu'il est des partenaires dont la jouissance mentale et physique est telle qu'ils ne doivent chercher à leur fidélité aucun motif adventice. En dépit des conflits mineurs de leur vie commune, l'expérience de la résonance émotionnelle et charnelle qu'ils obtiennent, tantôt plus, tantôt moins, mais chaque fois en proportion de leur désir, est à ce point gratifiante que le lien sexuel devient psychologique et qu'ils craignent tout caprice de nature à l'amenuiser.

Faut-il aller plus loin et présumer que dans les plus belles réussites, l'homme et la femme atteignent

par leur amour une sorte d'universalité, tout rapport
sexuel qu'ils pourraient avoir avec un partenaire
étranger ne leur apparaissant plus que dans la lumière
de leur propre expérience? Certaines confidences me
font croire qu'il est des hommes qui sont arrivés à un
point où toute femme, si belle soit-elle, leur apparaît
comme une manifestation moins parfaite de la femme,
objet de leur amour, qu'il est également des femmes
que la vue de tout homme séduisant ramène à la
pensée de l'homme auquel elles se sont données. Non
pas que les uns ou les autres idéalisent indûment
leur partenaire, mais c'est comme si, grâce à leur
expérience d'une résonance physique et psychique
inappréciable, ces personnes atteignaient un point
de perfection par rapport à quoi toutes les aventures
que continuent à leur offrir les hasards de la vie,
leur apparaissaient en réalité comme des possibilités
contingentes, nécessairement plus imparfaites en vertu
des conditions réelles de l'existence. Entre Don Juan
et l'être au cœur fidèle, il y a probablement la même
différence qu'entre l'idéaliste qui cherche une Beauté
absolue, toujours insaisissable, à travers les formes
transitoires de la beauté, et le réaliste qui trouve
dans l'approfondissement d'une expérience singulière
les dimensions de l'universel. Dans les femmes qui
passent par ses bras, Don Juan poursuit une femme
idéale et irréelle. L'homme dont nous avons suivi
l'évolution dépasse ce platonisme : il réussit à nouer
avec une femme particulière une relation aussi

singulière et aussi intime qu'il est possible de l'imaginer en tenant compte des limites de la condition humaine, et c'est lui qui trouve par surcroît, sans l'avoir recherchée, la féminité comme telle. De même, il est probable que ce n'est pas la femme qui se prostitue, mais celle qui épanouit avec un homme en particulier sa vie sexuelle, dont on peut dire qu'elle atteint le mieux l'univers masculin comme tel.

Je viens de quitter insensiblement le plan des analyses psychologiques pour celui de l'idéal ou des normes les plus attractives de l'humanité. Mais avant de m'arrêter, je dois encore rencontrer une dernière objection : il ne fut jamais question, dans ce livre, de procréation, phénomène biologique qui est pourtant le sens le plus obvie et le plus élémentaire de la sexualité. C'est que j'ai tenu à me limiter très strictement à l'analyse psychologique. De ce point de vue, il faut ajouter que le désir de l'enfant n'est pas seulement inscrit dans notre organisme, mais qu'il intervient fréquemment dans l'évolution sentimentale des individus. Mais mon propos était de rester en-deçà des problèmes moraux que pose le respect de la vie, ou plus exactement de montrer qu'il y a déjà dans le développement qui conduit l'homme et la femme l'un vers l'autre jusqu'à la consommation de l'acte sexuel et la constitution d'un lien psychologique durable, un progrès vers plus d'humanité, donc une espèce de moralité essentielle, antérieure et sous-jacente à ce que l'on entend d'habitude par la morale sexuelle. Rien qu'en partant des faits, l'établissement d'un véritable et solide lien sexuel apparaît en lui-même comme une victoire sur les puissances de haine et de perversion.

Et cette victoire n'est pas seulement une affaire de volonté ou d'effort cérébral, mais de maturation émotionnelle. Cela revient à placer le comportement sexuel dans une durée concrète et à voir ses plus beaux succès, non dans la satisfaction capricieuse de désirs mobiles, ni dans un amour obsessionnel et rigide, mais dans l'abandon réciproque de deux corps, animés en vérité par un esprit de bienveillance progressif. Esprit de bienveillance qui trouve sa récompense en lui-même, mais qui sera en même temps, si l'union a le bonheur d'être féconde, la meilleure préparation aux tâches de l'éducation.

# TABLE DES MATIÈRES